É preciso saber viver

Mundo Maior
Editora e
Distribuidora
EDITORA DA FUNDAÇÃO ESPÍRITA ANDRÉ LUIZ

É Preciso Saber Viver

Mundo Maior Editora
Fundação Espírita André Luiz

Rua Ezequiel Freire, 732 – Santana
02034-002 São Paulo / SP
(0__11) 2979 2157
www.mundomaior.com.br
e-mail: site@mundomaior.com.br
e-mail: editora@mundomaior.com.br

Agosto / 2009 – 1ª Edição

Impresso no Brasil

Diretoria Editorial: Onofre Astinfero Baptista / Margareth Pummer
Coordenadora Editorial: Renata Carvalho
Conselho Editorial: Spério Faccione / Gastão de Lima Netto
Auxiliar Editorial: Lilian Ribeiro
Projeto Gráfico e Diagramação: Luciana Di Iorio
Criação de Capa: Antonio Carlos Ventura
Revisão: Luiza Valle / Agcal / Fabricia Carpinelli Romaniv

NANCY PUHLMANN DI GIROLAMO

É preciso saber viver

Mundo Maior
Editora e
Distribuidora
EDITORA DA FUNDAÇÃO ESPÍRITA ANDRÉ LUIZ

Prefácio

As pontes entre as fronteiras sempre estiveram abertas. Antes, não víamos.

Alguns, como nós, começam a perceber a presença das pontes quando observam a rudeza das fronteiras, ferindo, pela segunda vez, as Aves Feridas que, apesar disso, continuam a voar.

Voar não está na dependência das máquinas ou dos paraquedas. Nem mesmo dos corpos.

Nada tem a ver com asas. Voar é capacidade dos espíritos. Mas só os fortes.

Aves feridas é a expressão que passamos a usar ao embalarmos bebês, nascidos frágeis, deficientes, atípicos em relação aos padrões comuns.

Não poderiam sobreviver, contudo vivem e transmitem mensagens aos que têm "ouvidos de ouvir".

Não poderiam voar mas voam, precocemente, indicando os rumos do futuro.

"Não sabendo que era impossível, ele foi lá e fez", frase de Lao Tse.

O ato de ir e fazer é o ato que constrói pontes.

Pontes entre as fronteiras foram anunciadas pelos sábios da antiguidade e hoje começam a ser comentadas pelos pensadores libertos de preconceitos tradicionais.

Foram necessárias centenas de ilustrações para se aceitar que "o impossível é possível" ou que **há pontes entre as fronteiras** mostrando a potencialidade latente nos seres.

O possível do impossível é tão importante como a escalada da expiação para a regeneração.

O centro acionador está nas potencialidades latentes, na medida do despertamento da consciência. Esse centro está vivo na alma das Aves Feridas e explica o "milagre" da sobrevivência, do voo e da mensagem.

Entre todas as manifestações da potencialidade humana salientam-se as reencarnações difíceis e, entre essas, ostensivamente, as das Aves que nascem com asas feridas, para aprender ou reaprender a voar mais alto do que em qualquer outro tempo. Elas conseguem. E nos desafiam a consegui-lo.

Em qualquer espaço que a vida atual nos coloca, ou em qualquer ponto em que fixamos a nossa atenção, estamos aptos a ver as pinguelas protetoras, entre picadas estreitas no meio do mato ou as passarelas sofisticadas nas brechas dos muros que separam cidades de pedra, numa civilização, já exausta, em busca de novos modelos, insatisfeita com o que conseguiu até agora. Todos podemos vê-las se usarmos o "olho da alma".

As Aves Feridas têm importante mensagem a transmitir, como se fossem pássaros-correio a serviço dos destinos da humanidade, lembrando alerta evangélico: **Olhai as aves dos céus que não semeiam nem tecem e o Pai as vestiu mais ricamente que a Salomão**.

Os que experienciam essa relação, precisam falar porque é o momento da participação, um a um, sem comissões.

Só podemos falar do que conhecemos. Convivendo estreitamente com Aves Feridas, ainda nos falta muito para verdadeiramente as conhecermos. Do que sabemos, há algumas coisas a transmitir.

Então. Estamos publicando um livro composto de duas partes com duas procedências, reproduzindo edições há muito esgotadas. Pela persistência de marginalizações e preconceitos, é lícito o retorno à insistência quanto à aceitação, respeito e valorização da diversidade existente na unicidade da espécie humana.

Sob o título *É preciso saber viver* unimos dois livros em um só, cujo título anterior era *O Castelo das Aves Feridas* e *Aves Feridas na Terra Voam.*

Ambos expressam um mesmo sentimento: gratidão aos espíritos destemidos que escolheram, ou aceitaram, reencarnações difíceis, por amor a si próprios, portanto, preparados para o amor ao próximo, conforme a reciprocidade expressada pelo Mestre Nazareno.

Será esse um livro oportuno?

Sinceramente respondemo-nos: Sim, porque tudo é oportuno na velocidade da transição da hora presente, em que as pontes estão se tornando condição para se continuar caminhando.

Como muitas outras manifestações vivas massageando o solo duro para a construção de pontes emergentes.

Aproveitemos para ouvir, entender e crescer, humildemente, aprendendo tanto com as Aves que velejam nos "Castelos Volantes", durante o repouso do corpo, como as que praticam ações na concretude de situações sociais.

Nesse livro são as Aves Feridas que falam por si mesmas.

Eu contei o que vi e ouvi a meu modo.

Boa leitura!

Nancy Puhlmann

O Castelo das Aves Feridas

Ficção? Parábola? Sonho? Realidade? Mesmo que eu dissesse o que foi (não digo porque não tenho certeza), quem ler este livro terá sua própria opinião, como, aliás, acontece sempre nas relações humanas, enquanto um diz e o outro escuta.

Rúrica

Sumário

Explicação necessária

Um amigo que leu *O Castelo das Aves Feridas* no manuscrito, me disse:

— Não deve ser publicado sem explicação ou, pelo menos, uma apresentação que justifique o argumento e clarifique o objetivo.

Ponderei e concluí que havia razão no que dizia.

Tenho, eu mesma, que fazer essa apresentação, e para isso entrar, ainda que de leve, no estilo de depoimento pessoal.

Na verdade, estou envolvida no argumento e tenho consciência de um objetivo fundamental que, provavelmente, motivou minha viagem ao Castelo e, consequentemente, poder explicá-la.

É possível que este depoimento tire algum traço do hermetismo que pareça haver neste pequeno livro e torne cada frase tão clara e simples no conteúdo quanto pretendeu ser na forma.

Faço este depoimento com total honestidade e brevidade.

Tenho conseguido, para o meu coração, muitas felicidades trazidas pelas pessoas de minha convivência. Nenhuma é maior nem mais fecunda do que aquela que me tem dado a minha filha "excepcional". Pelo fato de ela ter nascido atípica, minha visão, que era curta, alargou-se e abrangeu, por amostragem, o rico universo contido na variedade de experiências do ser dentro da etapa infantil. Dilatou-se o horizonte diante da minha busca de amor. Reforçou-se a certeza de que a vida terrena é um imperativo da evolução espiritual e surpreendente, conduziu-me a uma ponderada e irreversível valorização desse tipo de presença, pelo enriquecimento relacional que pode trazer à família e à sociedade, permutando o centro com a periferia.

Não generalizo essa colocação.

Relacionando-me, na vida profissional, com muitas centenas de "excepcionais" e seus familiares; conheço outros tipos de realidades: frustrações, ansiedades, rejeições, revoltas e desajustamentos psicossociais desencadeados pelo fato de se ter de colocar um recém-nascido deficiente no berço detalhadamente preparado para um bebê “perfeito”. Entre essas duas realidades, há uma ponte de fácil trânsito, sempre aberta, permitindo aproximações e recuos e tendendo à indecisão para evitar ou adiar o conflito.

A afetividade espontânea e consanguínea fere-se diante do muro da marginalização social.

O pragmatismo materialista, novamente em nome da eugenia (de triste memória), com a máscara da defesa do bem-estar comum, apresenta-se diante dos princípios éticos enraizados no âmago do pensamento, ameaçando as tendências inatas de respeito à vida.

As crianças atípicas, contudo, não participam desse dualismo nem supõem que estejam causando tais dilemas e tais desafios à cultura deste tempo. Não percebem que os adultos andam aflitos de um lado para o outro da ponte, sem se definir. Elas velejam tranquilas em seus castelos, sabendo o caminho das rosas azuis que os “normais” não conseguem descobrir. Continuam a nascer e a renascer com certeza metafísica de que estão na direção certa para a mesma meta que todos nós buscamos: a felicidade.

Supérfluo seria alongar-me.

Espero ter sido suficiente o que disse para atender ao conselho oportuno do amigo.

O argumento e o objetivo estão no conteúdo.

Nancy Puhlmann Di Girolamo

1

Estávamos em férias na praia

Passava da meia-noite. Sei disso porque até as 23 horas e 40 minutos estávamos na praia, acostados sobre a areia, ouvindo a voz barítona do mar.

As crianças brincavam de pegador; conversávamos, sem compromisso sobre nenhum assunto, por isso nem sei sobre o que falávamos.

Éramos oito: eu, "o pai", os cinco filhos e o Joe (leia-se Djóe, que é como o filho mais velho chamava o cachorrinho sem pedigree).

"O pai" era o meu esposo. Eu era "a mãe".

Contei essa circunstância para me situar e deixar tudo bem claro.

Em resumo, estava em férias com a família no litoral de São Paulo, na Praia Grande.

O que aconteceu depois, eu vou contar a seguir, é de minha inteira responsabilidade. Por isso vou falar em primeira pessoa, por mais deselegante que alguém possa achar essa maneira de se expor.

Ficção? Parábola? Sonho? Realidade?

Mesmo que eu dissesse o que acho que foi (não digo porque não tenho certeza), quem ler este livro (esta obra) terá sua própria opinião, como, aliás, acontece sempre nas relações humanas, enquanto um diz e o outro escuta.

Bem, voltamos ao "camping", acorrentamos, o Joe na armação metálica e nos preparamos para dormir em nossa barraca. Deve ter transcorrido uns 40 minutos.

Portanto, passava de meia-noite.

Insisto no horário porque, por mais estranho que pareça, tudo se passou no claro, como em pleno sol.

Muitos foram os personagens, os panoramas e as circunstâncias, mas tudo coube dentro de um tempo de seis horas no meu relógio de pulso!

O que me leva a refletir sobre a relatividade do desempenho dos relógios e como eles expressam de modo rudimentar o sentido de tempo. Também me ocorre como fui imatura ao considerar inverossímil o "Túnel do Tempo" como foi focalizado num seriado de televisão. Quem assistiu ao referido seriado percebe de que coisas eu falo.

Se a esta altura algum leitor chegou a ficar curioso, posso afirmar que exatamente nesse ponto eu estive titubeante entre parar e continuar, contar e não contar.

Obviamente, fiz a opção pelo sim, mas com uma condição: escrever uma narrativa curta direta, a mais simplista que eu seja capaz (garanto-lhes que é mais fácil ser prolixa e complicada).

O relevo é feito pelos acontecimentos concretos (engraçado dizer assim), abolindo dissertações interpretativas, por respeito ao julgamento do leitor, e cortando descrições ambientais, exceto as imprescindíveis a um nível aceitável de sequência lógica.

2

E eu saí de camisolão vermelho!

Foi a primeira vez que eu o vi após dez anos, mas não tive dúvidas. Era ele, Bird (leia-se Bérde), embora estivesse muito mudado desde nosso último encontro, quando se despediu do corpo terreno, ainda menino, com suas mãos nas minhas.

Estava adulto e muito respeitável. Alto, olhos escuros penetrantes, cabelos ondulados, pretos e longos. Vestia larga e comprida túnica branca amarrada na cintura por um cordão de cor cintilante, entre o prateado e o dourado. Procurei seus pés, mas não os vi. Pareciam misturados na extremidade da túnica.

Ele sorriu e eu entendi que dizia:

— Vem.

Levantei-me do colchão de campanha e ia segui-lo, quando ocorreu-me que eu deveria sair melhor vestida.

Foi só pensar nisso que encontrei uma espécie de camisolão vermelho, de tecido vaporoso, mas não transparente, ao alcance das mãos. Nem o toquei e já me percebi vestida, do pescoço aos pés, ou melhor, ao chão, porque não conseguia ver meus pés. Bird amarrou um cordão prateado na minha cintura e me estendeu a mão direita. Eu lhe dei a minha mão esquerda e, um passo atrás, fui seguindo seus movimentos. Na verdade, era ele quem me sustentava, e isso ficou claro quando procurei o chão onde pisávamos e não o encontrei.

Bird pôs seu olhar no meu. Engraçado! Percebi que me falava com os olhos, e se eu me deixasse envolver no seu olhar, entenderia tudo como se estivesse escutando palavras.

Assim fiquei sabendo que nesse "dia" iríamos ao "Castelo das Aves Feridas".

3

Vi rosas azuis ao natural

Não vou explicar como decorreu a viagem, porque não conseguia ver nada muito nítido. Paisagens vagas se sucediam e o horizonte mudava, embora fosse sempre dia ensolarado.

Havia flores coloridas e muitas rosas azuis.

Lembrei-me de Balzac (aquele, da Comédia Humana)[1] e de sua procura do "momento azul" da inspiração.

Antes que eu tivesse perguntado, Bird respondeu:

— Ele conhecia as rosas azuis.

---

[1] Hanoré de Balzac, escirtor francês, autor de várias obras-primas da literatura que formam a Comédia Humana. Viveu em Paris entre 1799 e 1850.

Eu quis alcançar com as mãos algumas dessas rosas; saber se eram perfumadas, se podia colhê-las...

Os olhos de Bird me disseram que ainda não eram importantes para mim e, delicadamente, antes que eu me expandisse, fez-me entender que seria inoportuna qualquer projeção pessoal naquelas circunstâncias.

Então me lembrei do meu amigo Lúcius, o artista. Se ele estivesse por ali, poderia desenhar as rosas azuis e tirar “closes” da visita.

Bird (nada lhe escapava) voltou-se para mim e disse:

— Lúcius vai fazer isso.

Não havia a menor dúvida. Bird lia o meu pensamento com a maior rapidez. Ou seria ele mesmo quem colocava em mim os pensamentos?

Curioso é que eu não estava muito curiosa. É bem do meu feitio um certo desligamento ambiental. Isso talvez explicasse a passividade com que eu seguia Bird. Mais ou menos como uma folha levada pelo vento, plenamente confiante.

Não sabia nada sobre o "Castelo das Aves Feridas", mas, apesar da melancolia do nome, tinha a impressão de que a visita seria aprazível.

Nem sequer me envolvi pela ideia de pesquisa, utilidade, necessidade, esclarecimento etc., em que vivia os meus dias quando não estava em férias.

Ocorreu-me até, em certo momento, que o nome do lugar onde iríamos se parecia com o título de um conto de fada.

Bird respondeu-me, mas não pude perceber bem sua resposta, (estava olhando de lado). Parece-me que foi algo confirmativo.

— As fadas existem? Aproveitei a oportunidade para a pergunta que todos os anos me ocorria, mas somente nas férias.

— Sim. Elas existem.

— Aqui?

Bird entendeu o sentido discriminatório da pergunta e foi reticencioso:

— Podem estar aqui, lá, acolá...

O "Castelo das Aves Feridas"...Ocorreu-me que também podia ser como um hospital. Por causa das aves estarem feridas.

Bird fez um "mais ou menos" com o olhar.

Penso que, por uma associação de ideias, me lembrei da Senhora Nightingale. Seu nome lembra Ave Noturna e ela foi "Dama da lâmpada".

Bird olhou-me. Senti que ele entendia mesmo tudo e que nada poderia ocultar-lhe.

— Sim. Ela estará lá.

— Ahnn! — resmunguei com um som anasalado.

— O que disse? — perguntou meu anfitrião.

Eu não soube responder. Deduzi que naquele lugar não se podia expressar sons ou dizer palavras sem conteúdo, sem pensamento, sem clareza.

Tive um momento de receio pelos meus maus hábitos, modismos e gírias. Achei que tinha que me vigiar. Fiquei tensa.

— Relaxe! Relaxe! — disse Bird brincando e, pela primeira vez, ele me pareceu a criança que eu ensinara a andar lá embaixo.

A ideia de que viéramos "de baixo" colocou uma ligeira dúvida no meu pensamento. Não seria uma ideia arbitrária? Um preconceito só porque estávamos sem pés e sem chão, como se fôssemos plantadores na atmosfera?

Comecei a rir ruidosamente, um pouco por nervosismo, um pouco por emoção e um pouco por achar graça.

Bird também riu. Chegou até a imitar o meu ruído, certamente para me ajudar no "relax".

Bem, a coisa por ali não era tão sisuda como eu pensara.

Foi a moral da situação.

4

Jamais pensei que o Castelo fosse assim!

De repente, chegamos. Bird parou dois passos à minha frente e, como se eu fosse sombra dele, parei também.

Diante de nós estava uma construção em semicírculo, que lembrava o Pavilhão do Planetário, no Parque Ibirapuera, da cidade de São Paulo.

O material da construção parecia leve, flexível e tinha a cor de água cintilante.

Na parte superior, ocupando um terço do tamanho total, havia janelas envidraçadas, dando a impressão de uma janela só, circular, enorme.

Talvez os reflexos do sol sobre aquela espécie de vidro é que produzissem a estranha cor cintilante.

A viagem de ida terminara. Mas onde estava o Castelo?

Só nesse momento percebi que estivera mentalizando uma expectativa estereotipada a respeito.

Castelo, no meu condicionamento mental, tinha uma conotação definida, estruturada, retrospectiva, sólida, medieval.

Esperava ver, depois de altas muralhas cobertas de musgos, as escadarias longas, as torres, os tijolos expostos e os portões de ferro. Seria como o castelo dos reis antigos, com vassalos e luxo.

Lá dentro existiriam grandes gaiolas com aves tristes, porque as asas estavam feridas e não podiam voar.

Então, a denominação seria lógica...

— Surpreendida? — perguntou-me o olhar de Bird.

Quase deixei escapar a palavra: decepcionada. Contive-me e murmurei sem graça:

— Ahnnn...

Aproximamo-nos da entrada e olhando a abertura de acesso ao interior, novamente me lembrei do Pavilhão do Planetário, pela aparente semelhança.

Com o interesse mais atento, o raciocínio começou a trabalhar e eu me preocupei:

— Estaremos entrando num disco voador de outro planeta?

Bird olhou nos meus olhos e me apareceu um tanto desapontado comigo. Ficou uns segundos em silêncio, depois respondeu, sério:

— De certa forma, esse Castelo é também um disco voador.

Eu quis, mas não pude evitar o meu costumeiro resmungo: — Ahnnn...que, dessa vez, tinha vários conteúdos ocultos. Queria dizer: "Então a isso chamam por aqui de Castelo?! E os Castelos aqui voam?"

Olhei de soslaio para meu companheiro, temendo que ele tivesse captado os conteúdos e pudesse achá-los indelicados ou desrespeitosos. Mas ele ficou em silêncio. Desconfio que fingiu não ter ouvido nada.

Adentramos pela abertura.

Ocorreu-me que seriam inúteis as escadarias e as torres do Castelo, se não tínhamos pés, ou melhor, se não precisávamos usá-los.

5

Os cordões eram de Arraias ou de Duas Pontas

Um vozerio do tipo humano chegou aos meus ouvidos.

Calculei que houvesse sete dezenas de pessoas conversando a meia voz, em grupos, ali dentro. E eu calculei certo.

O interior do Castelo era simplíssimo. Somente um grande salão redondo, de um branco luminoso, mas que não feria a vista.

A originalidade e o requinte estavam na ausência de ângulos, de forma que as paredes, o assoalho e o teto não tinham limites nítidos, como se todos eles fossem uma curva só.

Poltronas, sofás, cadeiras, não havia. Os grupos de pessoas estavam, alguns, em posição vertical (por comparação, diríamos, de pé); outros, semi-recostados no chão (ou seria nas paredes?); e outros, entre uma e outra posição. Mas, inteiramente à vontade, embora com irrepreensível comportamento.

Quando penetramos no salão, não fomos alvos de atenção, o que estranhei.

Logo descobri o porquê: todos ali estavam vestidos como nós, isto é, um grupo como Bird, outro como eu, e outro de Amarelo.

As roupas me pareceram ser identificação, uma espécie de senha com direito natural à entrada.

Estávamos bastante parecidos uns com os outros.

Os modelos de nossas vestes eram idênticos. Ninguém tinha pés, pelo menos, visíveis. Também, ninguém tinha asas.

Lindos demais ou feios, não havia. Muito altos e muito baixos, também não. Nem velhos, nem adolescentes, nem crianças.

Éramos todos mais ou menos semelhantes. Notei algumas diferenças discretas nos traços fisionômicos, na leveza dos gestos e nos conteúdos expressivos. Enfim, não havia personalidades, e sim, indivíduos.

A essa altura de minhas constatações, ocorreu-me naturalmente a pergunta:

— E onde estão as nossas personalidades?

Bird olhou para o cordão prateado que amarrava a minha cintura. Eu segui o seu olhar e só então me dei conta de que no meu cordão havia apenas uma ponta pendurada, após o laço. A outra se alongava a perder de vista, lembrando a linha das arraias das crianças da minha cidade.

Tive uma sensação de insegurança e apertei mais fortemente a mão de Bird, que ficou impassível, como se lamentasse a lentidão do meu entendimento.

A partir disso é que pude observar melhor e perceber que, além das cores, também o tipo de laço dos cordões dividia aquela assembleia em três grupos:

- As mulheres de Vermelho, com cordão prateado de Arraia;
- Os homens de Amarelo, também com cordão prateado de Arraia;

- Os homens e as mulheres de Branco, com cordões prata-dourada, de Duas Pontas na cintura.

Estes últimos, os Brancos de Duas Pontas, bem observados, tinham maior leveza, como se além dos pés também lhe faltasse o peso do corpo. Suas fisionomias eram mais serenas, como se nunca estivessem cansados.

Em suma, nós, as Vermelhas e os Amarelos com Arraias, embora fôssemos a maioria, visivelmente tínhamos chegado ali conduzidos, guiados e sustentados pelos Brancos de Duas Pontas.

6

Revelaram meu verdadeiro nome

Atingimos o centro do salão do Castelo. Aí, Bird largou a minha mão, e seus olhos me disseram:

— Fique à vontade. Participe. Conviva.

Inibida, perguntei como quem pede:

— Você não vai apresentar-me?

Bird parece ter estranhado a questão, como se nem cogitasse isso. Olhou ao redor de nós, para os grupos, examinando, e depois me respondeu:

— Não é preciso.

Além desse comportamento inesperado, ainda teve a coragem de me deixar sozinha, como se não fosse ele o agente da minha visita. Foi conversar com outros Brancos de Duas Pontas.

Eu tive vontade de seguir em direção à minha ponta alongada de Arraia, e só não fiz isso pelo medo de voltar sozinha ou me perder no caminho, distraída como sou.

Sem outro recurso, e como ninguém se achegou a mim, tive que tomar iniciativa.

Pensava assim: "Como é importante a presença de um amigo numa assembleia de desconhecidos!"

Olhei os grupos ao meu redor, com olhar de míope, geral, superficial. Pareceu-me que ali estavam os "encontros", tal como na teoria de Carl Rogers,[2] com os três princípios: Autenticidade, Aceitação e Empatia.

Passou-me pela mente que "tornar-se pessoa" é, realmente, sentir-se indivíduo.

Mas eu não estava treinada.

Olhava nos rostos dos outros e achava-os parecidos, como um grupo de japoneses da mesma idade.

---

[2] Carl Rogers, eminente psicoterapeuta ligado à "Psicologia Humanista". É autor da obra "Tornar-se Pessoa".

Já estava ficando magoada com Bird, quando divisei Lúcius, de Amarelo, com seu cordão prateado de Arraia, vindo em minha direção.

— Você, aqui? — dissemo-nos, ao mesmo tempo, um para o outro.

Lúcius estava radiante como uma criança. Via-se a felicidade nele.

Penso que, por ser artista, fizera aquela viagem de uma forma muito mais rica do que eu, descobrindo detalhes, belezas e harmonias que me passaram despercebidos.

Se foi prazeroso o nosso encontro, surpresas maiores me aguardavam com as notícias que ele me trouxe:

— Estão todas aqui no Castelo, Rúrica! (ele me chamou de Rúrica, não sei por que, e eu passei a atender por esse nome)

— Estão? — perguntei — Todas? Mas, quem?

— As nossas crianças, Rúrica! As nossas "Avezinhas feridas"!

Eu repeti, sílaba por sílaba:

— As nos-sas a-ve...Lúcius! Elas estão aqui? Onde? Onde?

Apontou para um grupo próximo a nós (o mais próximo de todos), e então eu as vi: as nossas avezinhas feridas.

7

Quase houve um acidente por causa das piruetas de Lyn

Eram três vermelhas e quatro amarelos, todos de arraia. Não sei explicar nem a mim mesma como os reconheci. Abriram seus braços e me enlaçaram um a um em carinhosa recepção. Foi nesse exato momento, dentro de cada abraço, que os identifiquei e pude chamá-los pelos nomes.

Coisa surpreendente! Para começar, informo que eu as conhecia, lá em baixo, como crianças de cinco a dez anos de idade, e que, no consenso comum, eram disformes, incapacitadas, deficientes, atípicas.

Faziam parte de um grupo de "excepcionais" do qual Lúcius se encarregava.

Contudo, ali, estávamos do mesmo tamanho, com roupas e cordões iguais.

Nenhum dos sete apresentava os sinais com os quais eram classificados. Nem as paralisias cerebrais, nem as descoordenações psicomotoras, nem as faces Mongoloides, nem as deficiências múltiplas estavam neles, naquele Castelo.

A apresentação externa era excelente. Normais, diríamos, absolutamente normais. E, no entanto, eram eles mesmos, exatamente eles.

Ocorreu-me que se um dia eu revelasse esses detalhes, dificilmente acreditariam em mim.

E agora, confesso que, para diminuir os riscos, esta narrativa não tem detalhes.

Quem mais me chamou a atenção foi Lyn, justamente porque a vi fora de sua cadeira de rodas com recostos especiais e rolos de algodão para manter as mãos inertes semiabertas.

Olhei-a de alto a baixo e de baixo para cima.

Meu sentimentalismo viciado ia me fazer chorar de emoção quando fui chamada a brios por um gesto pitoresco e, sem dúvida, propositado.

Lyn abriu, bem diante de meu rosto, suas duas mãos, com os dedos em leque, balançandoos graciosamente. Parecia uma gueixa querendo expressar um não e um sim ao mesmo tempo.

Desisti de chorar. Só não pude evitar que uma lágrima caísse no meu camisolão vermelho. Lágrima que Lyn colheu com seus dedos, exagerando um movimento de "pinça". Depois, soprou.

Pois é. Soprou a minha lágrima com seus lábios, como se fosse assobiar.

Além disso, deu uma risada completa e fez duas piruetas, terminando com um "pás de bourrée".

A essa altura, todos riram de meu espanto.

Na última pirueta, a ponta alongada de seu cordão quase se embaraçou no meu e todo o grupo teve um segundo de "suspense", logo superado pela agilidade de Lyn no reequilíbrio.

Ninguém me pergunte como uma menina sem pés pôde fazer piruetas e "pás de bourrée". Só posso dizer que pôde. Pelo menos, deu essa impressão completa e com graça.

Pensei: "Vou levar tempo para refletir tudo isso e tirar conclusões."

Nenhum deles ouviu meu pensamento, nem eu percebia palavras em seus olhos. Deduzi que nós, os de Arraia, tínhamos que falar através de palavras sonoras para traduzir nossas ideias, enquanto os de Duas Pontas podiam ouvir e dizer pensamentos pelo olhar.

Achei que era chegado o momento de falar alguma coisa, mas não sabia como começar, tal a multidão de ideias a traduzir.

Foi a própria Lyn quem tomou a iniciativa. E notem que ela era menina passiva, do sorriso triste, escrava da cadeira e de língua presa!

Estava eufórica. Disse-me:

— Bird nos prometeu que você viria hoje, Rúrica.

Ora essa, pensei. Sou mesmo Rúrica e não sabia.

A voz de Lyn foi a mais bonita voz que jamais ouvi. Não digo isso subjetivamente. Era, de fato, uma voz que lembrava música; assim, como a de Mozart.

É... A mim, Bird nada disse. Foi buscar-me simplesmente (não ousei traduzir esse pensamento).

8

No Castelo Volante, meu nível era de "dependente"

Eu ainda não sabia o que dizer. Estava deslumbrada e, de certo modo, um pouco constrangida, porque aquelas crianças queridas eram tão adultas e eu não havia percebido. Nesse castelo era eu quem estava dependendo delas para me informarem e me dizerem o que fazer. Essas posições invertidas me atordoavam um pouco.

Lúcius veio em meu socorro. Ele sempre foi muito perspicaz em situações delicadas. Estava bem mais desembaraçado do que eu.

— Cheguei um pouco antes de você aqui e já "bati aquele papo" com eles.

— Ahnn... — resmunguei — para ganhar tempo e um pouco chocada com o seu "bati aquele papo"!

Depois, de um só fôlego, como acontece quando estamos inibidos e não queremos que os outros percebam:

— Quero que me contem tudo o que puderem. Temos tanto o que conversar. Isto é, eu não trago novidades, mas vocês! Têm que me explicar isso e por que me trouxeram aqui. Ou melhor, por que nós todos estamos aqui. Será que...morremos?

No início eles sorriam, mas agora riam mesmo. Penso que a confusão das minhas perguntas denunciavam o meu constrangimento, os meus preconceitos e a minha ignorância existencial.

— Rúrica, querida, aqui nós estamos voando como pássaros sem gaiola. Morremos um pouco cada vez que nosso cordão nos puxa. Entendeu?

Eu não tinha ainda elementos para responder.

Quem falou foi o Gerte, com voz profundamente agradável e pronúncia mais que perfeita. Seus olhos, ali, não eram azuis, oblíquos sob as pregas palpebrais típicas dos "Trisômicos 21".

Seus olhos eram, na verdade, escuros e lembravam um oriental.

Continuou com uma atitude de altiva mestria, mas sem nenhuma vaidade:

— Nós compusemos este Castelo para nossos encontros e nosso abastecimento interior.

—Vocês compuseram este Castelo... — parafraseei.

Nesse instante, estranhava o verbo e o substantivo. Ninguém "compõe" um salão, e aquilo ainda não me parecia um Castelo.

Logo tive a prova da perspicácia mental de Gerte. Ele pegou "no ar" a minha estranheza e explicou, como um professor paciente:

— Não usamos tijolos, nem cimento, nem areia. Reunimo-nos no espaço livre e mentalizamos esse lugar. Chamamos a ele de Castelo, porque lembra o passado — o nosso passado — mas, como você pode ver, a estrutura é arrojada...

— Estou vendo.

— É que seguimos para o futuro.

— Confesso que eu estava admirada pelo fato de Gerte ter aquele jeito de falar e aquela introspecção.

— É um Castelo Volante! — interferiu Lyn, a mais expansiva do grupo. Disse isso e começou a rir, olhando-me com as pontas dos olhos, espicaçando a minha curiosidade.

Ela não parava um minuto de se movimentar.

— Sim continuou Gerte, compenetrado como que para equilibrar a situação. É um Castelo Volante. Entramos nele e podemos viajar para visitar outros Castelos...

— Hoje você vai conosco! — era Lyn novamente a me espicaçar.

— Vou? — Minha voz tremia. — Penso que estava com medo do desconhecido.

Gerte não se impressionou pela interferência de Lyn. Continuou, fazendo um gesto largo como quem quer dar uma explicação abrangente:

— Veja. Todos os que estão aqui são, na verdade, Aves Feridas.

— Todos? (quisera ter dito: eu não)

— Rúrica — disse Gerte circunspecto — você pode enfrentar a verdade?

— Acho que sim.

— Pois, você, Lúcius e todos os outros que estão conosco são parte de uma mesma família, isto é, de uma situação semelhante. Estamos igualmente comprometidos uns com os outros e todos com a Terra.

Ainda reforçou a estranha afirmativa:

— Temos muito em comum. Enfim, somos todos iguais. Todos, Aves Feridas.

— Aves Feridas! — repeti, procurando meditar, envolvida por um iniciante sentimento de autopiedade e de piedade abrangente.

Pisquei os olhos, como faço quando quero ver claro e não consigo.

— Sim, mas não se iluda com a expressão que usamos. E, sobretudo, não se apiade, pois ninguém nos feriu.

— Pisquei mais intensamente.

Nesse momento é que Derval, no seu Amarelo radiante, falou pela primeira vez:

— Nós é que ferimos os outros. Daí, vem o retorno à fonte e nos sentimos assim. Nós nos demos esse nome.

Lyn, a “impossível”, interferiu, brincando:

— Ficamos com as asas cortadas! Hah! Hah! Hah!.

Todos riram com simplicidade, o que me pareceu bastante esquisito.

Eu estava contrafeita. No íntimo, pensava que Lúcius e eu éramos diferentes deles, pelo menos lá embaixo. E ainda havia Bird...

Não tive coragem de perguntar, diretamente. Tentei o caminho sinuoso:

— Não conheço os outros grupos que estão aqui...

Olhei para os que ainda não haviam falado. Eu estava apelando.

Foi a vez de Dália se expressar.

Quero que saibam que "a outra" Dália, a que estava na extremidade do cordão prateado, tinha deficiências múltiplas e era considerada um caso de extrema gravidade entre aqueles que insistiam em classificar de "irreabilitáveis".

Mas, a essa altura dos acontecimentos, eu não aguardava mais nada senão surpresas.

Dália insistiu, num estilo didático:

— Somos interdependentes, interligados. Uns estão na posição de pais lá embaixo. Outros são técnicos e pesquisadores. Alguns estiveram antes de asas cortadas e permanecem ligados afetivamente. Outros causaram os cortes. Vários estão ajudando para que não precisem perder as próprias asas.

Derval falou, solenemente:

— Em nossa viagem de hoje, você conhecerá os que estão na família por amor e os que estão nela compulsoriamente.

Gerte, que parecia liderar o grupo, acrescentou, filosofando:

— Há muitas maneiras de cicatrizarmos nossas feridas...

— Puxa! Nunca tinha pensado nisso! — Foi o que consegui dizer e, dentro de um rasgo de entendimento, perguntei como quem afirma:

— É por isso que meu nome aqui é Rúrica?

— Exatamente.

Dália, sempre didática tal qual uma professora, continuou:

— Há outros Castelos diferentes deste, mas ligados a este.

— Sim?

— Aqui é o Castelo Volante, porque dentro dele podemos ir até os outros. Há também o Castelo Cinzento, o Castelo Azul e...

Lyn interferiu:

— E o Castelo das "Gavetinhas". Para se justificar, explicou:

— Eu é que pus esse nome nele.

Delicadamente, retificando o expansionismo de Lyn, Derval deu outro rumo ao assunto:

— Você viu as rosas azuis no caminho? Pois elas são do Castelo Azul. São deixadas na estrada para a gente não se esquecer de que é para lá que devemos ir.

Pensei: "Derval! Quem diria que ele pudesse raciocinar!"

Olhei para os setes companheiros e no meu coração fluiu o amor.

Todos os setes eram catalogados lá embaixo na situação de "dependentes", mas, no Castelo Volante, era eu quem me sentia assim diante deles.

9

Falaram-me sobre a descida dos Brancos de Duas Pontas e sobre os cortadores de Arraias

Misturamos-nos aos outros grupos de Arraias.

Conversamos, não sei calcular quanto tempo. Jamais poderei, depois disso, definir o tempo com as palavras do meu vocabulário.

Relembramos situações e experiências vividas.

Dialogamos sobre assuntos sérios, mas o convívio era alegre, como festa de Natal.

Discutimos a validade de certas atitudes e comportamentos comuns que, vistos dali, chegavam a ser pitorescamente ridículos. Criticamo-nos. O sentimentalismo, o tecnocentrismo e o humanismo lógico mesclado de pragmatismos apresentavam aspectos bastantes diferentes dos costumeiros.

Alguns prestaram depoimentos que seriam, lá embaixo, considerados sensacionalistas, dramáticos, dignos de manchetes e transformados em novelas para as madrugadas. Contudo, simplesmente, serenamente, prestavam seus depoimentos com um senso de autocrítica que chegava, às vezes, ao humorístico.

Lyn, que estava incrivelmente ativa, em certo momento, assim como quem conta uma anedota ilustrada com expressão corporal, nos levou às gargalhadas. Imitava uma pomposa e leviana dama do império romano nos dias mais solenes.

A dama era "rococó" nos gestos, na voz e nos olhos, mas extremamente agressiva, especialmente com seus subalternos e escravos.

Falou-se do passado, mas sobretudo do futuro e da demora em atingi-lo. Posso afirmar que toda a perspectiva, naquele Castelo, referia-se ao futuro. Anoto que o futuro não era visto ali como o passar dos dias, e sim a ultrapassagem de acontecimentos com suas consequências.

Eu confesso que estava confusa com o presente. Pedia informações sempre que tinha oportunidade.

Soube que os Amarelos e as Vermelhas de Arraias costumavam marcar encontros ali para trocar ideias entre si e traçar planos. Não estavam somente interessados em si mesmos, mas em todas as Aves Feridas que existiam, conhecidas ou desconhecidas. Acompanhavam os programas mais avançados a respeito e tinham intenção de se tornar, direta ou indiretamente, apelos vivos de novos avanços.

Costumavam cotejar resultados. Os pontos controversos eram levados à apreciação dos Brancos de Duas Pontas, que estavam sempre presentes e que, em verdade, os dirigiam com muita diplomacia, assim como se apenas coordenassem os encontros.

Os Brancos de Duas Pontas eram muito lúcidos, talvez porque estivessem desvencilhados, soltos, e tivessem conseguido roupagens brancas. Tinham a liderança da experiência, da abnegação e da dedicação. Apesar de se mostrarem acessíveis, moravam no Castelo Azul, onde os que tinham Arraias só podiam ir em visita e por convite direto. Davam uma espiada rápida e voltavam.

Dália me explicara:

— O ar no Castelo Azul é tão leve que não podemos respirar facilmente com nossos pulmões. Por isso, só se vai até lá amparado.

— Como gostaria de estar no Castelo Azul!

Foi aí que Lyn, sempre com pensamentos na ponta da língua, me falou, com ar misterioso:

— É? Mas primeiro é conveniente que você conheça o Castelo Cinzento e o Castelo das Gavetinhas.

Os que ouviram fizeram gestos afirmativos, e eu me senti desapontada, lamentando ter pensado alto.

Disseram-me que os Brancos de Duas Pontas, algumas vezes, deixavam suas vestes em armários fechados no Castelo Azul; esticavam, eles mesmos, uma das pontas de seus cordões e se envolviam em Arraias de Aves Feridas.

Engaiolados por escolha própria, representavam lá embaixo um alerta, um despertamento ou uma abertura de portas. Geralmente eles voltavam sem obter o sucesso tentado no plano das personalidades, mas não se magoavam por isso. Recomeçavam mais tarde.

— Imagine você — contou-me Derval — que alguns deles descem lá de cima, ficam anos entre gente complicada e escura, às quais oferecem tesouros de luz transbordantes; entretanto, são rejeitados, marginalizados, colocados em outras mãos.

— Gerte muito sério concluíra:

— Isso lembra a atitude de quem joga no oceano a chave das próprias algemas.

Lembro-me de que eu, formal e estruturada, intervi:

— Mas, nos grupos religiosos, onde o amor impera...

— O amor impera nos universos desde o primeiro "Fiat", mas ele é um caminho que começa no movimento centrípeto e, enquanto está nos círculos mais próximos do núcleo, é mais fruitivo que prestadio. Isso explica a dificuldade dos outros e também a nossa.

Assim me respondeu Gerte, com sua já conhecida circunspecção.

Dizia-se, também, que um número tão grande de Aves Feridas iria descer com Arraias, brevemente, que espantaria os desprevenidos.

O número maior seria do Castelo Cinzento e do Castelo das Gavetinhas, mas também o Castelo Azul estaria representado.

Desconfiando disso, já estavam na terra, em grande azáfama, nos laboratórios e nas bibliotecas, os "Cortadores de Arraias", estudando, pesquisando, medindo, experimentando e descobrindo meios de cortar o mal pela raiz.

— Mas isso seria, de fato, terrível, disseram. Porque os "Cortadores" iriam ter, mais tarde, não só as próprias asas feridas, mas todos os seus veículos. Essa perspectiva criava problemas muito sérios para o futuro, tanto lá embaixo como para as comunidades dos Castelos já existentes, levando à necessidade de novas instalações e subdivisões.

Expressei o que estava ocorrendo no meu pensamento:

— Os Cortadores de Arraias e os Brancos de Duas Pontas se debaterão lá embaixo. Uns serão os necrófilos e outros, os biófilos. De um lado, os tecnocratas; de outro os humanistas.

Dália interveio, equilibrante:

— Temos pensado que haverá muitos debates de palavras, mas não de ação. Convivendo na montanha da liberdade, cada grupo agirá com igual empenho, acreditando estar construindo o que chama de "bem-estar coletivo", sob o seu critério avaliativo da "boa qualidade de vida".

— Essa colocação me parece muito relativa... Mas não é — continuou Gerte. Absoluta é a eterna validade das sintonias que está sobre e sob a flexibilidade das experiências na montanha da liberdade.

Percebi novamente que um falava pelo outro, como se todos tivessem discutido longamente os assuntos e encontrado o ponto central de convergência.

— Quem corta, será cortado — concluiu Gerte. Quem coloca a supremacia na tecnologia dependerá dela para sobreviver um dia; e então, perceberá a sua limitação. Aquele que avalia a "qualidade de vida" pela aparência exterior, muito em breve será forçado a admitir que a máquina do corpo físico — esse que ocupa lugar no espaço — não é a fundamental nem sequer a que caracteriza o ser humano.

Lyn, que estava até agora calada, disse como quem encerra o assunto:

— Vão-se rasgar os véus de Isis e os véus de todos os templos fechados, e então penetraremos na sabedoria.

Lembrei-me, nesse momento, da Mesa-Redonda de que participara lá embaixo, ouvindo o massacre da minha defesa sobre os direitos à vida dos nascituros deficientes. Alguém no plenário insinuou uma possível predeterminação transcendental, querendo apresentar um reforço à tese dos direitos. Foi então que um dos mais renomados líderes presentes gritou como se tivesse um espinho no corpo:

— Não nos fale de deuses, pois o deus atual é a ciência e a técnica. Não se trata de achar, ou de sentir, ou de querer, mas de poder, e hoje já podemos ser os senhores da vida e da morte. Quem faz o bebê de proveta pode e deve devolver o produto insatisfatório ao nada.

Lembrei da minha indignação e da minha raiva. Mas ali, diante da ideia da eterna validade da sintonia, refleti que qualquer indignação ou raiva são impetuosidades, e me envolvi da profunda piedade pelos "Cortadores de Arraias".

Ninguém, ninguém mesmo será — e, portanto, potencialmente, já é — mais infeliz do que eles.

Enfim, por comparação, posso dizer que ficamos "dias e dias" conversando. E até agora não sei se digo isso subjetivamente ou não. Isto é, se a realidade é ou não é o subjetivo.

De tudo o que foi dito, no mais fecundo dos encontros de que já participei, quero resumir (para não ser impertinente) que todos ali eram muito bem-intencionados. A intenção central era fazer com que fosse bem compreendida a importância das Aves Feridas, isto é, que fosse proveitosa a situação.

10

No Castelo Cinzento encontrei a "Dama da Lâmpada"

Não me lembro de terem nos servido qualquer refeição, nem posso dizer que alguém fosse o nosso anfitrião. Os Brancos de Duas Pontas aparentemente não nos prestavam atenção. Deixavam-nos inteiramente à vontade. Só que a presença deles nos dava segurança. De vez em quando, olhávamos para suas túnicas alvas e isso parecia nos revigorar. Equivalia a uma especialidade em nutrição.

Repentinamente, todos silenciamos.

Lúcius, que estava desenhando, guardou o lápis e o papel no bolso da túnica, bem no centro do tórax, e se aprontou para nova tomada de posição.

Bird — finalmente — achegou-se a mim.

Ele, que eu considerara como um filho e que me chamava de "sua namorada", era, naquele momento, como que o meu senhor, o meu guia. Aproximou-se:

— Rúrica, você quer ir conosco ao Castelo Cinzento?

Tive vontade de dizer que preferia o Azul. Mas, a curiosidade me venceu e, sinceramente respondi que sim.

Aliás, penso que a pergunta foi feita por um requinte de delicadeza, pois os que estavam no Castelo Volante já tinham seu rumo traçado.

A abertura do Castelo se fechou sem ruído, como aquelas portas do aeroporto de Brasília, só que não vi quem acionou o mecanismo.

Instintivamente (acho que mais acertado seria dizer intuitivamente), procurei apoio na mão direita de Bird. Percebi que uns e outros também se apoiavam e que em cada grupo de Arraias havia Brancos de Duas Pontas.

Tive mais uma expectativa frustrada. Esperei ter a sensação de um elevador subindo ou descendo, mas, ao contrário, não percebi qualquer sinal físico de movimento. Apenas ouvi um ruído que lembrou o som de várias campainhas tocando harmoniosamente e de leve.

Ninguém falava nada. Os Brancos de Duas Pontas pareciam vigilantes, enquanto os de Arraia estavam em passiva acomodação.

As campainhas pararam e a porta, pelo mesmo processo anterior, se abriu.

Eu e Lúcius não éramos os únicos a fazer aquela visita pela primeira vez. Alguns outros estavam, como nós, com a curiosidade evidenciada no olhar comprido e na expressão boquiaberta.

A tranquilidade e a despreocupação que eu sentira ao chegar ao primeiro Castelo das Aves Feridas, estavam agora bem diminuídas.

Até olhei atenciosamente a minha ponta alongada, para me certificar de que não estava voltando ao plano das preocupações.

Penetramos no Castelo, por encantamento ou magia. Ao abrir-se a porta, a primeira impressão foi a de estarmos no mesmo salão, em outra localidade, mas todo enfumaçado, fosco, denso, pesado.

As janelas se destacavam, mas não havia a cor de água cintilante; só de água.

Sete dezenas de indivíduos ali estavam. A metade era formada por Brancos de Duas Pontas. A outra metade tinha Arraias como nós, mas suas roupas eram acinzentadas, de vários tons. Observei que algumas eram cinza-azulado, outras cinza-claro, cinza bem escuro e cinza-mesclado.

As fisionomias tinham semelhanças e diferenças. Todos aparentavam ser adultos, mas alguns estavam com a pele esticada, e eram esbeltos; enquanto outros mostravam a pele ressequida e curvavam as costas, como se carregassem um peso.

Procurei os pés. Não tinham pés e as extremidades das vestes se apresentavam esgarçadas e sujas. Francamente, alguns pareciam estar chegando de caminhos espinhosos e lamacentos.

Notei que o cinzento, a cor da indecisão, do sim e do não , do ser e do não ser, estava também em seus rostos e nas suas mãos.

Fiquei em dúvida se as paredes eram que se refletiam neles ou se era o contrário.

Os Cinzentos andavam de um lado para outro, sem sossego. Uns falavam sozinhos. Outros dialogavam. Um branco de Duas Pontas estava sempre por perto e isso parecia não agradá-los.

Não se importaram com nossa presença. Pareceu-me que alguns nem nos viram. Outros, levantaram os ombros em sinal de pouco caso.

Um Branco de Duas Pontas recebeu-nos, acenando simpaticamente com a cabeça e abrindo os braços num gesto de — “fiquem à vontade”.

Eu não estava à vontade. Gostaria de voltar ao Castelo Volante, mas eu não sabia como.

Sentia frio e medo. Apelei para Bird com meu olhar. Bird me disse:

— Esta é também a nossa família. A nossa família preferida, Rúrica.

Enrubesci de timidez e vergonha.

Houve então um momento de completo e geral silêncio.

Uma brisa leve, morna, suave, inesquecível, indescritível chegou até nós. Voltei-me para o lado de onde vinha a brisa e pude reconhecer — não me perguntem como — a presença da

Senhora Nightingale — "A Dama da Lâmpada".[3] Passou por nós como uma luz ambulante, esvoaçante. Durante um segundo olhou-me dentro dos olhos e meu coração parou. Vi qualquer coisa dourada sobre a sua cabeça. Era uma coroa. Ela pareceu ter preferido que eu não visse. Virou-se e desapareceu de nossos olhos.

Então, todos nós percebemos que as janelas tinham sido abertas e o sol de fora, estava também entrando no Castelo Cinzento.

Dessa vez eu deixei rolar muitas lágrimas dos meus olhos para o chão, agora, mesclado de cores. Pressionei a mão de Bird e ele respondeu:

— Você não sabia que esses também são como filhos dela?

Eu não sei se sabia.

---

[3] Florence Nigtingale, filha de ingleses, nasceu em Firenze, Itália, no dia 12 de maio de 1820. Tornou-se heroína ao participar da guerra da Crimeia, em 1856, como enfermeira. Foi chamada pelos soldados "Dama da Lâmpada".

11

Sibélia é uma Ave profundamente triste

Quando recolhi na alma o olhar da senhora Nightingale, por alguns momentos fiquei mais lúcida e quase penetrei na profundidade. Diria, que cheguei ao "insight" e quis curtir a felicidade das descobertas.

Se tivesse persistido, penso que esta narrativa teria tomado outro rumo, em estilo e conteúdo. Até penso que jamais a teria escrito, porque as palavras não seriam encontradas, nem como pura vestimenta formal.

Mas a última frase de Bird tinha sub-conotações, e tornei a perceber, como aconteceu na primeira viagem com as rosas azuis, que não era ainda chegada a minha hora de aspirar perfumes e emergir em luzes.

Não que eu não quisesse. Era-me, simplesmente, impossível.

Aproveitando o exemplo de honestidade nos depoimentos que ouvira por ali, confesso: não me senti mãe, e sim filha. Achei que meu camisolão vermelho era um disfarce ou uma delicadeza dos amigos. Na sub conotação do meu Vermelho, haveria apenas um neutro fortemente acinzentado.

Quando isso me ocorreu, Bird olhou-me paternalmente e seu olhar me disse:

— Não exagere.

A seguir, empurrou-me (com os olhos) para frente. Eu atendi (não tive como evitar) e fui andando.

À medida que estabelecia interações visuais com os Cinzentos, foi acontecendo algo que não esperava, apesar de só esperar o inusitado.

Fui reconhecendo vários deles.

Não houve abraços, como no primeiro Castelo. Ao contrário, eu os reconhecia, mas eles não demonstravam saber quem eu era.

Podem imaginar a situação?

Entre os que reconheci, estava Sibélia, que se destacava pela imensa tristeza. Não pude deixar de me envolver nessa tristeza. Parecia o próprio símbolo da ave dolorosamente ferida. Era como se sangrasse.

Suas vestes tinham cores indefinidas, mescladas, e sua aparência não desagradava, no sentido estético.

Até me pareceu das mais bonitas do conjunto.

Acerquei-me. Olhei-a bem no rosto. Sorri, tentando desvencilhar-me da osmótica amargura que me invadia.

Perguntei-lhe:

— Como vai, Sibélia?

Ela se surpreendeu. Acho que por causa do nome que eu dissera.

Depois de alguns segundos, começou a falar.

Quero esclarecer que sua voz era como a de uma criança de cinco anos, a idade que tinha lá embaixo, mas o estilo era de adulto. Para os estudiosos, no plano das manifestações, ela era uma "típica autista".

Disse-me, entre soluços:

— Eu precisava tanto deles! Tinham-me prometido e falharam. Fui eu, propriamente eu, que os uni e os levei ao casamento. Combinamos todos os detalhes, mas desde o primeiro minuto — desde a primeira célula — quiseram me expulsar. Eles tentaram e tentaram. Queriam me matar. Conseguiram um pouco.

Eu lutei. Gastei todas as minhas energias. Não voltei, nem fiquei. Sequer permaneci no meio. Tive que estar ausente. Eles esqueceram. Você sabe o que é estar lá e não estar em parte alguma?

Eu estava envolvidíssima. Acho que minha fisionomia animou-a a continuar:

— Não era para ser assim, isto é, não tanto assim.

Soluçou. Soluçou mais forte.

Eu já estava procurando um lenço ou algo parecido para confortá-la de forma objetiva. Mas uma Branca de Duas Pontas a que estava mais próxima me deteve o gesto. Olhou para Sibélia com muita simpatia, mas nenhuma piedade. Nenhuma, mesmo. Sacudiu a cabeça com um gesto de negação, porém muito suave.

Desses que não magoam. Repreendem, mas não magoam. Até animam.

Pegou nas suas mãos mescladamente cinzentas, como a gente faz com uma criança que tem medo de andar, e lhe disse com palavras bem pronunciadas, como fazendo questão que eu ouvisse:

— Sibélia, você sabia que correria esse risco e que, mesmo assim, valeria a pena aproveitar a oportunidade. Se você estivesse no lugar deles e eles no seu, não acha que faria mais ou menos a mesma coisa? Tudo estaria bem melhor agora se você cooperasse um pouco mais. Se esquecesse o esquecimento deles e se esquecesse um pouco de você mesma, poderia abrir-se como um botão de flor e ter o seu lugar definido.

Seus soluços pararam, mas a tristeza persistia. Disse:

— Não posso. Não posso. Estou dentro de uma concha e só eles poderiam libertar-me.

A Branca de Duas Pontas repetiu o gesto negativo, sempre com simpatia, e retrucou:

Quanto à sua libertação, é assunto seu, de dentro para fora, e você está na estrada certa. É pena que suas lamentações entravem o caminho e retardem o ritmo.

— Mas eles falharam. Falharam comigo. Foi o que Sibélia disse, reclamante.

— No futuro eles entenderão. Vocês se reencontrarão e um dia haverá grandes festas.

— Jamais poderei perdoá-los. Jamais.

Quando Sibélia disse isso, a dama Branca ficou séria, silenciou-se alguns momentos e, depois, falou, pausadamente, encerrando o diálogo.

— Então jamais conseguirá sair da própria concha.

Afastou-se um pouco.

Primeiro, eu fiquei achando que houvera uma certa dureza nesse diálogo, mas, observando Sibélia, mudei de ideia. Concluí que havia até sabedoria, pois esta deixou de chorar e seu manto de tristeza ficou muito mais tênue, quase a ponto de se rasgar.

Refleti que era melhor eu também me afastar. Tive a impressão de que nos envolvermos com problemas dos outros, sem estarmos preparados, nos impedem de analisar a questão sob vários ângulos e não nos leva a melhorar situações.

12

O "Chinesinho" vai morrer de fome!

Perto dali, com vestes semelhantes às de Sibélia e também mergulhado em tristeza, pude identificar o "Chinesinho". Ele se dirigiu a mim e eu tive vontade de apertá-lo de encontro ao coração.

Ele é muito querido lá embaixo, até um pouco mimado, porque se apresenta como um "mongolóide"[4] muitíssimo gracioso e delicado, como eles são aos dois anos de idade.

Nós o apelidamos de "Chinesinho", por motivos óbvios.

---

4 "mongolóide": termo que antigamente designava a pessoa portadora da "Síndrome de Down".

— Não sei como o reconheci. Se ele fosse fotografado e eu mostrasse essas fotos e garantisse que eram dele mesmo, nem consigo imaginar o que diriam de mim!

— Pois o "Chinesinho", sem me reconhecer, falou como gente grande, apontando para Sibélia:

— Ela se queixa porque eles a abandonaram, mas, pelo menos, vai ficar por lá o tempo necessário. Pode até melhorar, achar o seu lugar, refazer-se. E eu...que direi eu?

Sua tristeza era diferente. Não soluçava. Não se revoltava. Era uma tristeza conformada, como a de quem sabe que não há nada a fazer.

Respirou muito profundamente e explicou:

— Precisava ficar muito tempo lá embaixo. Estava decidido. Precisava e não posso.

— Por que não?

— Eles não me dão alimento necessário.

— Quem?

— Os meus pais e irmãos. Eles querem que eu morra.

— Não! Não! Eu os conheço. Vejo-os dedicados, carinhosos. Eles o amam.

— Eles me amaram durante muitos séculos. Agora, não me reconhecem. Sou hoje o fardo, a vergonha...

— Mas o que é isso? Você está exagerando.

— Gostaria de estar. Infelizmente, não exagero. Negam-me o alimento.

— Ora! Não é verdade.

— Só me dão a comida. Não o alimento.

— Vocês não sabem que já consta por lá que "os excepcionais morrem cedo"? Pois morrem de fome, como eu. Vão emagrecendo, emagrecendo...até morrer. É fome de amor, de aceitação plena, real, total.

E continuou:

— O amor não está no gesto, no cuidado, nos direitos, nos deveres, nos abraços ou nas mãos que apertam. O amor está dentro da gente, transbordando. A gente se debilita quando não nos aceitam como somos ou estamos.

— Mas, eles....eles...

— Eles pensam que me aceitam, mas não aceitam. Não dizem a ninguém, mas eu posso perceber todos os dias que, no fundo dos seus pensamentos, preferem que eu volte, que eu os deixe. É isso que está me matando. Penso que me resta pouco tempo....Pouco tempo.

— Mas...é, acho que é isso mesmo.

Eu queria intervir. Fazer alguma coisa. Procurei um Branco de Duas Pontas. Vi um bem próximo. Estou certa de que ouvira os pensamentos e os sentimentos do "Chinesinho", pois eles são dotados desse poder. Mas, estava sereno, tranquilo, silencioso. Olhei-o bem nos olhos, como insistindo com ele. Respondeu-me:

— Essa é uma causa de difícil solução para nosso alcance.

— Mas, tornei a insistir, o nosso "Chinesinho"...

— Voltará breve e muito enriquecido pela valiosa experiência.

— Ahnn. É uma compensação.

— Não é apenas uma compensação. Toda experiência enriquece e, na verdade, não é o tempo, e sim a intensidade que aumenta os tesouros.

— Os tesouros — repeti.

Nesse momento, pensei em como as coisas eram vistas ali de forma paradoxal!

Estava ficando mais bem adaptada ao ambiente cinzento.

Pude observar que os indivíduos se reuniram por semelhanças.

Naquele lado, onde eu estava, suas semelhanças eram feitas pelas tristezas, decepções e amarguras.

Talvez impelida pela curiosidade, dirigi-me ao lado oposto. Mas, antes não o fizesse, pois o lado oposto era nada menos que o lado das revoltas, das ironias, das vinganças.

13

Klédio é mais bonito de órbitas vazias

Foi só me dar conta disso e já me encontrava lá, do outro lado, diante de um Cinzento muito escuro.

Ele me olhou, fixamente. Seu rosto era anguloso, de traços um pouco grosseiros. Foi a primeira impressão.

Como não nos movíamos e ele continuasse a me olhar, fixamente, com dois olhos penetrantes, achei que o jeito era enfrentar a situação e tentar não expandir os meus receios.

— Como você se chama? — perguntei.

— Hah! Hah! Hah! Ele gargalhou, e eu senti frio como se entrasse num refrigerador.

Continuou: — Não diga que não me conhece, Rúrica.

Na sua voz rouca e desagradável não havia nenhuma polidez.

Eu não respondi nada. Era um desafio e me senti apequenada. Ele me descobrira e eu não atinava quem fosse.

Além disso, estava atordoada, com o pensamento confuso, e disse uma bobagem, só para dizer alguma coisa:

— Sabe que eu vim lá debaixo e era noite. Aqui, vejo o sol e...

— Ele levantou as sobrancelhas grossas. Percebi que isso era uma suprema expressão de ironia. Respondeu:

— Que você veio de lá, dá para perceber. E que não sabe nada, absolutamente nada de astronomia, também é óbvio.

Sua petulância me desconcertava.

Tive intenção de voltar para o lado oposto, mas ele permaneceu bem na minha frente como se fosse um muro. Ainda teve a coragem de dizer:

— Vocês vêm do Castelo das Aves Feridas, que sorriem, e ficam iludidos igual a elas. São uns conformados, uns desfibrados, uns ignorantes. Não têm asas e ainda sorriem. Hah! Hah! Aqui vivemos a realidade, entendeu?

As últimas palavras foram ditas quase com perversidade e com a boca na direção do meu ouvido direito.

Então tive uma suspeita. Por mais inverossímil que pudesse ser, a suspeita cresceu e se tornou uma verdade. E essa era por demais inesperada! Não havia qualquer coincidência aparente, entretanto se tratava exatamente dele: o pequenino, frágil, delicado e dependente Klédio. Detalhe espantoso: as órbitas de Klédio lá embaixo era vazias.

Comprimi as minhas mãos uma na outra e tentei, em vão, me convencer de que era um engano.

De dentro do meu espanto fui inconveniente e disse num sussurro:

— Seus olhos...Você não os tem, Klédio.

— Você é que não os tem, — respondeu, abruptamente e eu entendi muito bem que fazia alusão ao fato de ter-me descoberto primeiro que eu a ele.

— Eu o vejo livre, com movimentos. Falando. Raciocinando...

— Você é mesmo muito ignorante. Não entende nada de fisiologia, de sistema nervoso, de psicologia e de tudo o mais. E se mete a ensinar!

O tom com que disse essas coisas me atingiu o coração como uma flecha.

Continuou:

— Acha que eu poderia trazer aqui aqueles aparelhos todos; aquela feiúra, aquele horror? Mesmo que eles quisessem (não sei a quem se referia), não poderia. Tenho que ser eu mesmo. Não há outro jeito de vir. É por isso que posso examinar a minha situação, ficar consciente, vir e voltar, vir e voltar. É por isso que tenho o direito de reclamar, reclamar, reclamar! Aqui, as Aves Feridas não sorriem, como vocês. Elas reclamam! Algumas preferem chorar. São fracas. Mas eu, não. Chorar não resolve.

— Reclamar também não. Falei por desaforo.

Ele repetiu o gesto das sobrancelhas e eu entrei de novo no refrigerador.

Em vez de me calar, como seria prudente, não consegui deixar de dizer alto o que estava escaldando a minha mente:

— Klédio, você é muito mais bonito lá embaixo.

Ele explodiu:

— Você é uma imbecil! Não me conhece. A sua cultura não chega aos pés da minha. Nem do meu poder. Nem da minha experiência. Nem da minha inteligência. Meus livros não são como os seu rabiscos ingênuos, preconceituosos, bitolados e malfeitos. Estão nas bibliotecas e me deram notoriedade e poder. Sou, na verdade, um gênio. Um gênio!

— Nada disso. Agora, você é Klédio apenas.

— Agora? Hah! Hah! Agora, aqui eu sou EU (o jeito com que falou o segundo "eu" me levou a escrevê-lo em maiúsculas).

Mas você é ingênua. Não entende nada da realidade.

— A realidade, Klédio, é aqui e é lá embaixo. Amanhã você será Klédio novamente. Todas as manhãs. Essa é uma parte da sua realidade.

— Amanhã? Aqui? Lá? Quanta ilusão! O que é hoje e amanhã?

— Você se esqueceu do ontem. É no ontem que estão o hoje e o amanhã!

— Dando uma de filósofa!

Esse foi o jeito de Klédio fugir do assunto e deixar de ser um muro na minha frente. Afastou-se, enquanto eu fazia esforço para relembrá-lo pequenino, delicado e dependente, com as órbitas vazias e as mãos brancas e lisas como um lírio.

14

"*Flashes*"

Dei alguns passos para frente. Olhei o chão onde nossas vestes roçavam e notei que estava escorregadio, viscoso, enlameado, por causa das túnicas de alguns deles.

Um Cinzento me despertou a atenção pela curvatura acentuada das costas e a pele muito enrugada. Seu cordão de Arraia era grosso, quase como um arame, e visivelmente o machucava.

Quis, mas não consegui me aproximar. Era como se houvesse uma parede invisível, transparente, rodeando-o. Como se ele estivesse todo dentro de uma redoma de vidro.

Do lado de fora, um Branco de Duas Pontas, irradiava aquele tipo de amor transbordante, pleno, total, ao qual o "Chinesinho" se referia. Irradiava sobre ele, que não parecia se aperceber disso.

Esse amador foi muito gentil. Segurou a minha mão e, através de seus olhos, fez os meus se fixarem nos dele. Segui esse movimento e passei a enxergar...

Dentro da "redoma de vidro" havia como uma grande confusão entre gente e coisas. Não percebia o todo, mas pedaços, detalhes, características, símbolos. Assim como em "flashes". Rendas engomadas, esfinges, templos medievais, espadas antiquíssimas, plumas, cabeleiras empoadas, coroas reais, campos de guerra, cordas grossas, aparelhos de torturas, cavernas, costas esfaceladas, corpos desnudos, bacanais, navios destroçados, sangue sobre tapetes persas etc. Tudo isso formado em um bloco, como se cada parte fosse pedaço de uma mesma coisa grande ou traço de uma só pessoa de proporções agigantadas. Escutei gemidos humanos, arrastar de correntes e sinos dissonantes.

No Centro de tudo estava o vulto cinzento de pele enrugada.

Aos poucos as cenas e os sons se atenuaram e desapareceram da minha percepção.

— Como é possível suportar tudo isso? — perguntei ao amador.

Ele respondeu:

— Só é possível em estado de inconsciência parcial ou global. Por isso, as situações são como são.

Então compreendi que o amador estava executando uma tarefa e que os serviços do amor podem ser muito singulares.

Aproveitei para indagar.

— Lá embaixo nada há a fazer em situações como essa?

— Muito mais do que nas outras situações. Muito mais.

Como o amador voltou atenção para o seu amado, percebi que não devia permanecer ali nem procurar saber de quem se tratava.

Pensei. Deve haver outros tipos de gente no Castelo Cinzento além dos Tristes, dos Revoltados e dos Escravos do passado.

15

Os aprendizes da alegria

Voltei sobre meus passos.

Tive vontade de rever Lúcius e nossas alegres avezinhas feridas. Localizei-os próximos das janelas, no lugar mais aprazível do Castelo.

Participavam de um grande grupo em que havia conjuntos de indivíduos formados por Brancos de Duas Pontas e Arraias Vermelhas, Amarelas e Cinzentas. O colorido variado dava um toque decorativo, não fosse a sombra em que todo o Castelo estava envolto.

Avistei Lyn tentando unir as mãos de alguns Cinzentos em círculo, como se fossem brincar de roda. Tentando, mas não conseguindo.

Notei que, de perto, os tons de cinza naquele canto eram bastante atenuados como se estivessem desbotando por processos químicos.

Aproximei-me. Lúcius e meus antigos companheiros me receberam afavelmente.

Lyn com gestos graciosos, imitando atores teatrais, explicou, apontando para os cinzentos:

— Chamo a esses de os Aprendizes da Alegria.

Honestamente o nome que Lyn pusera no grupo estava um tanto exagerado.

Alguns pareciam atordoados, absortos em nada, com movimentos lentos e as pálpebras sonolentas. Lembravam os semianestesiados, os dopados. Notei que outros abriam os olhos, faziam gestos de recuo, como se houvesse empecilhos, obstáculos ao seu redor.

Lúcius procurava animá-los, fazendo caretas engraçadas, mas um ou outro conseguia um meio sorriso; daqueles que esboçamos lá embaixo nas conjunturas sociais, quando gostaríamos de estar no extremo oposto.

Dália, no meio de alguns Cinzentos, explicava, esquematizava, repetia, tal qual uma professora. Mas só dois pareciam interessados. Os outros se mostravam indiferentes e sonolentos.

Gerte às vezes sugeria alguma medida a ser tomada, falando com Lyn, Dália ou Gerval. Percebi que várias atitudes e procedimentos se pareciam com os usados por Lúcius nas suas aulas lá embaixo. A intenção era, indubitavelmente, a de despertamento, como se eles quisessem acordar os que dormitavam no comodismo ou na introversão para que se movimentassem e abrissem mãos e olhos.

Olhei para Gerte e ousei perguntar:

— Não seria melhor deixá-los semiadormecidos enquanto estão envoltos no Cinzento?

Gerte me esclareceu:

— Esse grupo está girando em um círculo vicioso, na antevéspera de grandes mudanças. Há tanto tempo que experimentam a alegria, que se esqueceram que possuem a fonte em si mesmos.

Eles precisam de alegria para conseguir confiança e ter a chance de despertar. Por isso nós tentamos quebrar as argolas do círculo e fazer com que recebam alegria de fora para dentro. É certo que o cinzento é a cor da tristeza e nisto consiste a dificuldade e a viciosidade do círculo.

— Ahnnn! É por isso que vocês os chamam...

Gerte me interrompeu e corrigiu:

— Eles são, na verdade, os Aprendizes da Alegria no início do curso.

16

As semeadoras das esperanças

Daquele lado do Castelo, um conjunto de oito Cinzentos e quatro Vermelhas, se posicionavam em círculo como se estivessem cobrindo um desenho no chão de forma simétrica e organizada: dois Cinzentos e uma Vermelha; dois Cinzentos e uma Vermelha e assim por diante. As Vermelhas pareciam estacas vivas sustentando o círculo. Olhei-as bem e pulei de alegria, porque as reconheci. Não há melhor momento de felicidade do que o minuto do reconhecimento.

Corri, ou melhor, deslizei para elas, interrompendo o esquema. Abraçamo-nos rindo, como crianças que ganharam bombons.

Lyn indicou as quatro Vermelhas com as palmas da mão, denominando-as carinhosamente:

— As semeadoras da Esperança! São as Semeadoras da Esperança!

Aquelas quatro Vermelhas eram as mesmas que, lá embaixo, tinham as chaves de um outro Castelo: o "Castelo Concreto" (dessa vez a denominação é minha). Um castelo de tijolos, de cimento, de areia....que (agora não havia mais dúvida) tinha total relacionamento com as circunstâncias e o contexto da minha viagem.

Repentinamente uma das Semeadoras das Esperanças mostrou-me um dedo de sua mão, onde faltava uma falangeta, e disse, como que vaidosa dessa ocorrência:

— Veja, Rúrica. Eu recebi um sinal. Eu tenho a marca.

Foi então que me ocorreu a ideia de que, bem observados, todos nós trazemos o sinal, a marca da família a que pertencemos.

As Semeadoras da Esperança falavam com entusiasmo dos progressos dos "seus" Cinzentos e acentuavam:

— Observe, Rúrica. Observe como estão mudando de cor.

Esclareceram-me:

— Esperamos que, brevemente, primeiro estes e depois outros, consigam trocar suas roupagens e se vestir como nós para os encontros de Auxílio Mútuo.

Refleti: Ahnnn! Então tudo aquilo, desde que Bird me estendera a mão, era um Auxílio Mútuo.

Quero esclarecer que, aos poucos pude reconhecer também os Aprendizes da Alegria um a um, embora eles estivessem um tanto alheios e não me identificaram.

Fiquei muito contente em saber que estavam quase em condições de trocar suas vestes.

Entendi que a cor da indecisão também traz dentro de si as sementes de todas as outras cores.

Percebi que o Castelo Cinzento tinha tantos aspectos quanto tons e combinações que podem ser feitos, usando-se a cor cinza.

17

Amor e ciência

As surpresas se sucediam nesse canto aprazível do Castelo.

Em certo momento, Bird veio até nós, conduzindo trinta indivíduos com Arraias.

Vinte eram Vermelhas e dez Amarelos.

Quando chegaram bem perto, estenderam as mãos para mim e eu fiquei comovida: eram mães e pais de avezinhas feridas. Irradiavam uma felicidade tão paradoxal que demorei alguns momentos para compreender. Principalmente, porque entre eles estavam pais de cinzentos de vários lados do Castelo, menos do lado dos tristes. Não havia, mesmo ninguém do lado dos tristes.

Deparei-me com a mãe de Klédio e não pude me impedir de fazer um gesto que, aliás, não me é comum: beijei as suas mãos. Ela, gentilmente, me retribuiu.

Entre os Amarelos, vi meu esposo; e, quando isso aconteceu, Bird me disse seu nome e fui envolvida por uma grande ternura e respeito por ele.

Em certo momento, aproximaram-se de nosso grupo, com atitude de grande dignidade, dois Brancos de Duas Pontas: uma dama e um cavalheiro. Notei o respeito com que foram recebidos.

Os pais oscularam suas frontes, enquanto Lúcius e eu custamos a nos aperceber da razão disso. Quando ficaram bem diante de nós é que soubemos de quem se tratava. Ela era Greta, a mãe admirável que conseguira curar a sua avezinha ferida e, por causa disso, provara que o amor pode estar acima da ciência. Dezenas de outras mães tinham secado suas lágrimas com lenços de Greta e muitos professores haviam mudado suas perspectivas sob a sua influência.

Ele era Rolden, o médico que doara toda a sua mocidade, até esgotar-se, às Aves Feridas, embora os outros (justamente os que não percebiam que também tinham feridas) o magoassem até quase o insuportável. Rolden fora capaz de deixar de lado os mitos e os chavões "científicos" para recomeçar a aprender, ajoelhando-se no chão diante das criancinhas, como se elas fossem pequeninos deuses. Reaprendeu com elas muitas verdades naturais que, transmitidas, não puderam ser assimiladas, porque são poucos os que dobram seus joelhos diante da espontaneidade das crianças. São raros os que atingem, como Rolden, a profundidade de saber que as avezinhas feridas são como pombos-correio, trazendo mensagens importantes, às vezes em código, para solução de vários "mistérios" da vida.

Centralizados por Bird, mantivemos um tipo de comunicação interindividual, que não consigo traduzir em palavras e, por isso, apenas digo que foi como estarmos sendo envolvidos por um arco-íris dentro de um Castelo Cinzento.

18

Continua a viagem

Percebi que a viagem ia continuar, porque os mesmos companheiros do primeiro Castelo se agruparam como se alguém tivesse dado essa sugestão.

Tive uma grande vontade de rever a Senhora Nightingale.

Pensei: talvez ela venha fechar as janelas; mas logo percebi o absurdo do meu pensamento e não cultivei essa esperança.

Deduzi que muitas esperanças nunca se realizam, porque são produtos de egoísticas projeções.

As portas se abriram e se fecharam pelo mesmo processo anterior. Notei que nos deslocamos, porque deixamos de ver o Castelo Cinzento e tudo o que nele estava. Além disso, todos fizeram silêncio, como na viagem anterior, e escutei ruídos como de sininhos de árvore de Natal misturados a triângulos metálicos e castanholas de madeira, que me lembraram as bandinhas rítmicas dos jardins da infância.

Suave de início, o volume foi aumentando, ao mesmo tempo que tive uma sensação de estar descendo os andares de um prédio por um elevador muito rápido e vertical.

Por essa eu não esperava!

Foi uma sensação rápida e tênue.

Minha expectativa era grande, quase aflitiva.

Lúcius estava, como eu, com os olhos querendo sair das órbitas, como se pudessem chegar primeiro.

Procurei Lyn na esperança de que sua expansividade me deixasse antever para onde iríamos. Mas ela estava irrepreensivelmente quieta como os outros; e eu os imitei.

Meu esposo permanecia ao meu lado, porém sem nenhuma expressão expectante. Era como se fosse um viajante veterano.

Quis me apoiar nele, como costumo fazer lá embaixo, mas ele me respondeu com um gesto típico de "silêncio", que teve o condão de me acalmar. Percebi que a aflição e a ansiedade poderiam alterar a jornada.

Na frente de nosso grupo estava Bird, que me parecia cada vez mais alto e bonito. Como se fosse tocado pelo meu pensamento, Bird virou-se lentamente para mim e, com serenidade, me disse de dentro dos seus olhos:

— Estamos indo para o Castelo das Gavetinhas.

19

Os enfermeiros do estranho berçário

Como a sensação desta viagem fora um tanto diferente, era natural que eu esperasse encontrar um panorama novo. Entretanto...de repente, vi que chegamos a um outro salão redondo, envidraçado, semelhante na forma aos outros dois. Isso foi à primeira vista.

Aos poucos, descobri que ali havia coisas muito pitorescas que me lembraram as aulas de criatividade e arte.

Vou tentar descrevê-lo, mas previno que só me será possível dar uma ideia muito pálida e em grossas pinceladas.

Quanto às cores, havia todas, numa mistura harmoniosa, como aquelas feitas por artistas modernos. Posso dizer: cor de arco-íris cortado em pedacinhos e misturados como para bolo de aniversário.

O teto, as paredes e o assoalho estavam coloridos, mas percebia-se o cuidado de separar os conjuntos crômicos de forma a ser distinguida cada parte.

Quando alguém se aproximava de certos pontos, soavam ruídos que pareciam guizos delicadíssimos. Em outros pontos, os ruídos eram como gaitinhas pequenas e afinadíssimas.

Mas não vi os instrumentos.

De vez em quando, aspirava perfumes, como de essência de flores, que julguei espargidos por seres invisíveis, porque não descobri de onde vinham.

Em resumo, era um ambiente altamente estimulante.

Só havia uma coisa: evidentemente, não era natural, e sim preparado, artificial, criado para um fim determinado. Como quando a gente quer dar uma festa brilhante e disfarça uma casa velha e modesta com decorações, guirlandas e sons.

Os convidados não veem as mãos que preparam tudo e até esquecem o que existe por baixo. Recebem a impressão, e isso os deixa contentes.

No caso em foco, a festa não era para nós, os que chegávamos, pois quando entramos ali tudo continuou como se nada tivesse ocorrido. Nem sequer um anfitrião, um recepcionista.

Procurei os indivíduos e, porque procurei, comecei a vê-los. Eram talvez centenas, dois terços de damas e um terço de cavalheiros. Todos sem Arraias, todos Brancos de Duas Pontas.

Sobre as túnicas, na altura do coração, traziam um emblema caprichosamente desenhado, representando uma lâmpada tipo Aladim. O original do emblema estava no fato de que era uma rosa vermelha com o caule curvado fazendo o relevo. As folhas e os espinhos formavam a parte mais larga da lâmpada, e as pétalas se abriam, como se de dentro delas saísse uma chama luminosa.

Eles borboleteavam de um lado para outro sem se esbarrar, demonstrando que as tarefas eram muitas e que sabiam dar conta.

Escrevi "borboleteavam" porque, sinceramente, é a palavra mais adequada que encontrei. Lembram-me borboletas sem asas e, apesar disso, dotados da máxima leveza e suavidade. Como acontecia no castelo Cinzento, pude constatar que neste, também, o salão redondo tinha muitas dimensões e vários lados.

Bird explicou-me que os Brancos de emblema eram enfermeiros e que estávamos num berçário.

— E onde ficam os bebês? — perguntei a Brid, imaginando que ele estivesse brincando.

Bird, tranquilo, respondeu:

— Procure e encontrará.

Aí é que comecei a procurar os bebês. Nessa procura, esbarrei com uma enorme mesa ou tablado alto, ao alcance das mãos, onde, surpreendida, pude ver que havia dezenas de gavetinhas, em sentido horizontal.

Quero explicar melhor: pareciam gavetas de escrivaninhas ou armários, abertas, colocadas sobre o tablado. Também posso dizer que era um tablado sobre o qual havia divisões com aspectos de pequenas gavetas.

Cada gavetinha, coberta por um tecido leve, não transparente, cor de nuvem.

Pude ver que do lado oposto ao meu havia um outro tablado idêntico, também coberto. Pensei: "Essa, agora. Procuro bebês e encontro gavetas!"

A curiosidade me tomou por completo ao perceber que os Brancos de Duas Pontas com o emblema da lâmpada dedicavam toda a sua atenção e movimento àquelas gavetinhas.

Iam até os tablados, mexiam, remexiam e depois se dirigiam a um canto, onde havia instalações esquisitas, dando-me a impressão de um laboratório sofisticadíssimo.

Eu estava novamente confusa, sem saber o que dizer.

20

No Castelo das Gavetinhas encontrei Mônica

Nesse momento, passou por mim uma Branca de emblema, na qual reconheci Mônica, a mais admirável enfermeira que conhecera lá embaixo. Tive dupla emoção ao encontrá-la: não sabia que era uma Ave Ferida e não sabia que já tinha deixado sua Arraia.

Mônica abraçou-me e, como se me esperasse, fez um gesto que entendi como um convite para acompanhá-la.

Sem poder aguardar mais, perguntei-lhe:

— E os bebês? Onde estão os bebês?

Então, diante do tablado, Mônica retirou das gavetinhas os tecidos leves, cor de nuvem, deixando que eu olhasse dentro delas.

Em cada uma havia um bebê, isto é, um ser pequenino, menor que o comum dos bebês lá de baixo, uma espécie de miniatura.

Apurei meu ouvidos e pude escutá-los. Uns respiravam ofegantes; outros, ressonavam. Alguns choramingavam; outros, davam gritinhos agudos, como se tivessem alfinetes na pele.

Lembrei os meu estágios de enfermagem nas maternidades e, impulsivamente, estendi minhas mãos para os que gritavam. Mônica, entretanto, impediu-me de completar esta boa ação.

Com grande calma, pegou um dos bebezinhos, dos mais calados, no seu colo, ninou-o amorosamente, e apresentou-o a mim para que eu o olhasse bem.

Depois, fez o mesmo com vários outros.

Eu estava muito impressionada. Tive que dizer:

— Meu Deus! Eles estão...incompletos. Eles são disformes!

— Estão apenas comprimidos, enovelados em si mesmos, nos últimos preparativos para receber suas Arraias.

— E de onde vieram? — Perguntei — pois já pudera deduzir para onde estavam indo.

— Alguns frequentavam o Castelo Cinzento. Outros vieram de lugares sem nome. Outros, de charcos e abismos.

— Neste tablado estão os que são miniaturizados passivamente, para poderem plasmar-se no ventre materno.

— Passivamente, quer dizer...

— Quer dizer, compulsoriamente.

— Ahnnn...

— Por isso, Rúrica, a enfermagem aqui é muito especializada e só pode ser feita por quem esteja familiarizado com as Aves Feridas. Dividimo-nos em equipes diversas.

A primeira das equipes prepara-se para ir aos charcos e aos abismos, onde presta socorros emergenciais.

A segunda faz tratamentos recuperativos, regenerativos e seleciona as Arraias adequadamente. Cuida também da decoração geral.

A terceira executa os programas preventivos, ensinando, memorizando, insistindo, repisando, recalcando no interior das consciências.

A quarta, com o concurso do laboratório e as prescrições dos Senhores da Sabedoria e do Amor, procede à miniaturização.

— Que servição exaustivo!, foi o que eu disse, expandindo a minha imaginação.

— Não é exaustivo, Rúrica. Nem é um serviço. Estamos aqui por escolha e privilégio. Além disso, fazemos rodízio nas quatro tarefas para conseguir uma experiência global.

Percebi que as minhas expansões naturais em toda aquela viagem nunca tinham sido felizes.

Desapontada, mas sempre curiosa, perguntei:

— E onde estão os Senhores da Sabedoria e do Amor?

— Estão aqui, mas não os vemos, porque nossos olhos não estão preparados. Não os ouvimos pelo mesmo motivo, mas intuímos suas ordens e, mesmo que quiséssemos, seria impossível tomar qualquer iniciativa fora dessas ordens.

— Que coisa!

Mônica sorriu, compassivamente, diante de minha falta de palavras.

Animada pelo seu sorriso, continuei perguntando:

Na verdade, meu pensamento era: “Para que tudo isso se eles são bebês e estão semimortos?”

— Eles já passaram pelas quatro fases. Foram trazidos para aqui, tratados, ensinados e miniaturiazados. Agora, precisam se envolver em alegria, ânimo, coragem, ternura. As cores, os sons, os perfumes são alguns dos meios que usamos.

— Que coisa! — Repeti.

— É claro que o processo ficará interrompido se lá embaixo eles se tornarem motivadores de tristezas e ficarem fechados em casas escuras, presos em camas gradeadas, separados daqueles aos quais estão enlaçados, considerados indignos de receber o que se costuma preparar para outras crianças. Entende?

— Sim. Sim. Eu entendo isso.

— Aqui, depois da penosa miniaturização, nós os adormecemos, ninando-os de encontro ao coração, para que eles, lá embaixo, ninados de encontro a outros corações, possam despertar. Veja bem, despertar. Eles precisam se ligar às coisas boas, alegres, estimulativas, para que não se fixem no ontem.

O ambiente ideal para eles é o da convivência ampla e o da recepção feliz. Aqui é o preparo. Lá, a realização.

Ocorreu-me que, lá embaixo, geralmente, o processo é interrompido e de forma brusca. Essa ideia me deixou pessimista e ousei fazer uma reclamação em forma de pergunta:

— Mônica, porque não há uma quinta e uma sexta e mais equipes para preparar, alertar, despertar aqueles que lá embaixo vão receber ou tratar das Avezinhas Feridas.

Mônica, sem se sentir atingida pela reclamação, respondeu:

— Há, Rúrica. Há essas equipes. Tanto de Arraias como de Duas Pontas. Embora não lhe pareça, estão trabalhando muito, principalmente para o futuro.

— Mas, insisti como quem está bem informada, esses bebezinhos não terão muitas chances. Do jeito que estão, na certa poucos conseguirão despertar e aproveitar a experiência. Não sobreviverão muito tempo. Ficarão encarcerados. Não vão despertá-los, e sim adormecê-los para que não incomodem ninguém. Vão ser subgente. Em vez de amor receberão piedade e serão rotulados, tornando cobaias, enfim sobrará apenas o recurso de se fixarem no passado.

Mônica não se impressionou nem um pouco com as minhas informações. Disse, simplesmente, tranquilamente:

— Cada um irá para o local certo. Cada um levará a sua mensagem em envelope endereçado, e a entrega será perfeita. Sua simples presença já será um fruto. Compreendeu, Rúrica?

— Sim, isto é... compreendi.

21

Estimulação precoce

Os Brancos de emblema não perdiam um só minuto, como se dispusessem de período fixado para cada coisa.

Notei que aplicavam técnicas requintadas, tanto manuais quanto com aparelhos, sobre os bebês que estavam sendo miniaturizados. Nesses momentos concentravam-se como se nada mais existisse além daquele trabalho. Então, os ninavam amorosamente, como fizera Mônica, de encontro ao coração, tanto as damas como os cavalheiros.

Pude observar que, frequentemente, faziam soar os guizos e as gaitinhas entremeados de outros sons graves. Mudavam os aromas e trocavam os painéis coloridos das paredes.

Lembrei-me de certos métodos lá de baixo, dirigidos aos órgãos sensoriais das crianças, e deduzi que ali estava o que poderia chamar de estimulação verdadeiramente precoce.

Interessante é que faziam os bebês verem, ouvirem, cheirarem, sentirem calor do colo e, depois, no laboratório, lhes aplicavam não sei o que para fazê-los adormecer. E isso se repetia cada vez que se expressavam pelo choro ou pelo movimento.

Observei, ainda que, ao lado do laboratório, havia uma espécie de fichário, aliás muito bonito e de estilo ultramoderno. Achei que era um fichário, porque dele retiravam qualquer coisa parecida com fichas de cartolina, e sobre estas escreviam anotações.

Eu gostaria de ficar ali, estagiando, mas percebi (antes de cometer outra gafe) que ninguém disporia de tempo para se dedicar à minha curiosidade e que, provavelmente, nem eu tinha chegado às condições de ser uma estagiária útil.

Notei que ali cada coisa estava no lugar certo e que, apesar da quantidade de cores, de aromas e de pequenos objetos, tudo era organizado de forma perfeita. Contudo, a atitude dos enfermeiros era descontraída, jovial, familiar. Seu gestos, rigorosamente precisos e técnicos, eram executados com arte e delicadeza. Quando se aproximavam dos bebês, seu rostos irradiavam uma ternura serena; emblemas, sobre o peito, brilhavam, parecendo geradores de força e calor.

Cada enfermeiro parecia ser pai e mãe, ao mesmo tempo, de cada bebezinho disforme e engavetado.

Meu coração se comoveu e tive que baixar os olhos para devolver à conjuntiva as lágrimas que queriam cair.

Como para compensar os meus impactos, Mônica sempre tranquila explicou:

— No outro tablado estão os que pediram suas Arraias de Aves Feridas com muito boa disposição. Ali, quase todos já conseguiram, por amor, superar o ontem, mas têm alto senso de responsabilidade e, embora seus caminhos estejam limpos, querem nele semear árvores.

Outros procuram Arraias[5] singulares para ajudar a Ciência. Justificam-se dizendo que já se

---

[5] Brinquedos infantis feitos com papel, varetas e linha para empinar no ar.

entregaram em demasia à Ciência e acham que isso é também um desvio de equilíbrio.

Outros querem reencontrar entes muito amados para, por meio de sua presença, aparar orgulhos e vaidades.

Outros aspiram a se tornar motivo de pesquisas, métodos e programas novos, porque fazem autocrítica a velhas atitudes comodistas.

Todos contam quase certamente com o amor lá de baixo.

— É um risco — interferi, pessimista.

— É um risco calculado, de forma a ser de qualquer modo benéfico.

Novamente desapontada, falei, titubeante:

— Mas estão aqui todos juntos, no mesmo ambiente...

— Rúrica, já não lhe informaram que somos todos como da mesma família? Posso assegurar-lhe que há nesse tablado os que vieram acima do Castelo Azul, e nós os reverenciamos. Mas para conseguir Arraias, o processo é, em linhas gerais, o mesmo.

Tive um pensamento ousado:

— Então, aquele Mestre, chamado o Cristo, anunciado pelos profetas de todos os grandes povos da antiguidade e nascido para ser a Mensagem Viva de Amor, também teria precisado passar pelo processo?

Mônica, que era oficialmente sua discípula, leu meu pensamento e falou com muita veneração:

— Ele já era um pássaro de luz antes da existência de qualquer Castelo imaginável. Para que soubéssemos disso, precisou ficar algum tempo nas condições comuns lá de baixo, qual um lírio caído num poço de lodo que conservou, contudo, sua imaculada brancura. Porque fez o que fez e disse o que disse, aves feridas conseguem sorrir e pássaros azuis se sobrecarregam de Arraias.

22

A grandeza da renúncia

Quis ver outro tablado — aquele dos que iam descer por amor — e Mônica me conduziu até ele.

As gavetinhas eram iguais, os tecidos protetores eram cor de nuvem, mas os bebês...!

Fiquei muito surpreendida, não tanto com eles (que eram miniaturas de bebês comuns), mas com o que faziam a eles. Poderia até dizer contra eles.

As suaves damas Brancas e os borboleteantes cavalheiros de emblema trabalhavam, nada mais nada menos do que para deformar aqueles bebês. Não usavam métodos dolorosos, pois eles não choravam. Permaneciam tranquilos e até facilitavam.

Vou tentar explicar: o ambiente de cores, sons e aromas era usado da mesma forma que para os outros. Os bebês eram ninados com igual solicitude ao colo e recebiam as mesmas técnicas requintadas mas, após minuciosas consultas ao fichário, eram levados a um esquisito aparelho de laboratório. O processo se repetia e cada vez que voltavam às gavetinhas ficavam mais alterados.

As alterações quebravam a harmonia das suas formas.

Contudo, não chegavam a se parecer com os bebês do outro tablado. Talvez por causa da cooperação que ofereciam. Cheguei a ver sorrisos nos pequeninos lábios e, quando iam ao colo, seus bracinhos apertavam as túnicas brancas na altura do emblema da lâmpada, gesto que até parecia ser de gratidão!

Achei que essa era uma tarefa muito penosa de se fazer.

Mônica, contudo, tinha uma expressão extasiada quando me disse:

— Veja, Rúrica. Veja a grandeza da renúncia! O formidável milagre do amor!

Só depois dessas palavras de Mônica é que pude perceber ali na minha frente, a grandeza da renúncia e o formidável milagre do amor!

Porém, ainda me restava um dúvida de ordem racional. Um tanto sem jeito, formulei-a: — Esses querem descer por amor, mas os que terão de recebê-los vão sofrer muito.

Expliquei melhor: — O que para alguém é renúncia e amor, pode ser para outros, um problema grave e uma causa de sérias preocupações.

Mônica olhou-me compassiva, respondendo:

— Esse tipo de problema é, na verdade, a solução. Esse tipo de causa é, insofismavelmente, a consequência. Por isso, os *Senhores da Sabedoria e do Amor* acham excelente que as coisas sejam como são.

Eu me introverti. Minha pergunta tinha sido um perdigoto no oceano da resposta.

23

O "Campus" do desenvolvimento integral

Procurei meus companheiros do primeiro Castelo. Queria contar a ele, regozijar-me com eles.

Mônica percebeu minha intenção e esclareceu:

— Seus amigos de Arraia estão em treinamento no "Campus" do Desenvolvimento Integral das Potencialidades.

— Em treinamento? No "Campus" do Desenvolvimento Integral das Potencialidades? — parafraseei, surpreendida.

Explicou-me:

— É um complemento desse Castelo e uma ligação entre o que preparamos no berçário e o que pode ser feito lá embaixo.

— Não me diga!

— Vá até lá — falou Mônica sem me apontar a direção.

— Onde é?

— Procure e encontrará.

Percebi que o Castelo das Gavetinhas era como uma caixa de surpresas, e só quem se empenhasse em procurar as coisas é que o conheceria.

Empenhei-me. Procurei divisar uma abertura no meio da decoração colorida. Apalpei paredes até que atingi um ponto, cuja textura poderia ser comparada ao doce maria-mole.

Foi por ali que atingi o "Campus" do Desenvolvimento Integral das Potencialidades.

O ambiente era agradabilíssimo para quem aprecia a vida ao ar livre.

Abundante vegetação alta e baixa formava figuras de animais, de estrelas e de casas. Flores por toda parte, lindas como jamais vi.

No centro do extenso gramado estava a piscina verde ladeada por repuxos de água que deixavam todo o ambiente repleto de frescor.

Havia caminhos largos e estreitos, rampas e pontes, pedras que pareciam preciosas e no alto um céu de primavera.

Mas isso era apenas moldura.

Dezenas e dezenas de crianças com túnicas cor de abóbora, cor de abacate e cor de cereja se espalhavam pelo "Campus", com um vozerio próprio dos parques infantis. Algumas tinham Arraias e outras traziam seus cordões prata-dourado com as Duas Pontas soltas à cintura.

Mas se misturavam naturalmente.

Notei que havia crianças de todas as idades, desde bebês até adolescentes. Eram loiras, morenas, amarelas, avermelhadas, pretas, pardas e tinham em comum o modelo das vestes e o fato de todas se manifestarem como crianças atípicas. Umas não podiam andar, outras não sabiam falar, algumas estavam em cadeiras de rodas, outras com próteses substituindo membros, muitas tinham sinais de mongolismo e muitas não coordenavam os próprios movimentos.

Por todo canto, aparelhos de ginástica, barras, roldanas, cordas, bolas, arcos, balanços, pequenos túneis, retângulos de areia e enormes brinquedos infantis.

Estavam rodeadas de Brancos de Duas Pontas, de Vermelhas e Amarelos com Arraias. Só não havia Cinzentos.

Entre os de Arraias, revi meus colegas de viagem, e entre as crianças, reencontrei, emocionada, algumas que já não tinham suas Arraias, e outras com as quais convivia, diariamente, lá embaixo.

A princípio me ocorreu que estivessem se recreando, mas logo percebi que havia uma organização muito bem planejada em cada detalhe daquele "Campus".

Tanto os adultos como as crianças, tanto os de Arraia como os de Duas Pontas estavam, realmente, fazendo um treinamento. Todos trabalhavam em grupos, ou melhor, em equipes interdisciplinares.

Sim, senhores! Em equipes interdisciplinares. Foi o próprio Bird quem me esclareceu e, por isso, posso afirmá-lo.

Bird levou-me pela mão a vários recantos para que eu visse como realizavam os treinamentos.

Os grupos se reuniam por diversificação de experiências e conhecimentos e focalizavam algumas crianças. Em cada grupo se juntavam os que conheciam a saúde e a doença; os que estudavam as reações individuais ao meio, os que pesquisavam o relacionamento interpessoal e intergrupal; os que aprendiam a ensinar, a exercitar, a reabilitar e os que entendiam das coisas espirituais.

Um Branco de Duas Pontas coordenava cada grupo, fazendo-o observar, experimentar, detalhar aspectos, não deixando nenhuma ausência nas considerações.

— As potencialidades são enormes e o desenvolvimento integral é o rumo do Futuro.

— O que se conhece é como um punhado de areia, aquele que cabe nas nossas mãos, na praia.

Coisas como essas me dizia Bird durante a visita ao "Campus".

Ocorreu-me uma ideia que expus em forma de pergunta:

— Bird, os métodos surgidos ou descobertos lá embaixo não serão cópias ou reflexos de treinamentos feitos em Castelos como esses?

— Às vezes sim e às vezes se dá o inverso. Geralmente são produtos de pesquisas e trabalho em conjunto.

— Ahnn!

24

Os galpões cristalizados

Agora mais habituada ao inesperado, fui conduzida por Bird a uma espécie de galpão dentro do "Campus".

Distraída como sou, só naquele momento notei que havia dezenas desses galpões espalhados pela vegetação local.

Por favor, não imaginem galpões comuns e relevem as comparações simplistas que venho fazendo. Na verdade, tinham muito pouco dos galpões conhecidos, mas não sei com que outra coisa poderia compará-los.

Explico: Eram recantos cobertos de uma substância só; mais ou menos semelhante a um conjunto de cubos de cristal. Não percebi nenhuma estaca mantendo a cobertura.

Eram como se tivessem caído e ficado paralisados naquela altura, especialmente para dar impressão de lugares em destaque.

O chão, sob o extraordinário telhado, se revestia de tacos de espelho, embora possa afirmar que não era exatamente isso.

O sol, a vegetação e o colorido ambiental se refletiam ali.

A beleza era tão grande que abalou todos os conceitos de beleza que eu já pudera assimilar!

— Cada um desses galpões cristalizados é ponto de convergência.

— Os "cubos de cristal" e os "tacos de espelho" resultam, espontaneamente, da própria convergência.

Essas coisas Bird me explicou, embora eu não conseguisse entender.

No galpão ao qual Bird me conduziu, havia três dezenas de indivíduos de Arraias Vermelhas e Amarelos, de pé, em círculo. Eles estavam iluminados, recebendo em cheio os reflexos dos espelhos e dos cristais.

Notei que no alto de suas cabeças havia uma abertura. Era como se as intersuturas dos ossos cranianos estivessem se separando, e no centro da separação, notei um brilho intenso. O mesmo estranho fenômeno pude ver em várias partes de seus corpos, sobre as túnicas.

Apesar da singularidade, não havia nenhuma desarmonia nas formas com que se apresentavam.

Bird me explicou que exatamente aquelas aberturas seriam as características do Futuro.

No centro do semicírculo estava um Amarelo de estrutura mais alta que os outros, segurando na mão direita um bastão curto que me lembrou aqueles usados pelos faraós egípcios do passado.

— É Zófus, explicou-me Bird. Está ministrando aulas e respondendo a perguntas.

— Zófus! — exclamei, entusiasmada, porque pude identificá-lo, embora não soubesse ser aquele o seu nome.

Creio que, no meu entusiasmo, exagerei em minha exclamação, pois todos os que estavam lá voltaram seus olhos e sua atenção para mim e me acenaram com as mãos, sem sair dos lugares.

Correspondi e, embora não nos aproximássemos, pude sentir que nos unimos num abraço só.

Eu os conhecia lá embaixo, dedicados à cooperação junto das aves feridas, na área das realidades espirituais, sob a direção segura e equilibrada de Zófus.

Não entramos no galpão cristalizado. Aliás, após os acenos de mão, tudo voltou a ser como antes e Zófus continuou a ensinar e a responder perguntas.

Percebi que eu estava ali de passagem.

— Os galpões são os pontos mais altos do “Campus”? — Perguntei a Bird, lembrando-me de que neles se estudavam as coisas do espírito e neles estavam as convergências.

Com grande surpresa minha, Bird respondeu assim:

— Todos os pontos da criação divina são altos, Rúrica.

— Mas só o espírito é imortal —, retruquei sem conter minha tendência de discutir assuntos.

— Há alguma coisa que seja realmente mortal?

— Então tudo é espírito, Bird?

— Tudo é tudo, Rúrica.

Ahnnn...

Penso ter ficado claro que nenhum dos meus "Ahnnns" significava entendimento. No máximo eles expressavam conscientizações de ignorância e imaturidade, mesclas de adiamentos e esperanças.

25
Três botões de rosa

Continuamos a caminhar sobre a relva verde.

Em certa altura, paramos ao lado de um grupo em treinamento. Assistiam a uma demonstração prática, sem dúvida, porque um Amarelo manuseava as articulações de uma criancinha aparentando menos de um mês de idade, enquanto um outro falava com a atitude de quem explica ou de quem se justifica.

— É uma equipe em treinamento — confirmou o meu companheiro de Duas Pontas.

Durante algumas momentos fiquei observando o manuseio feito na criança e me surpreendi com as técnicas novas diante dos meus olhos.

Pensei: “Quanto há por aprender e por fazer!”

E ainda há quem afirme que é melhor esperar a ação do tempo em vez de iniciar o tratamento já no recém-nascido.

Entre os membros daquela equipe, notei três Vermelhas de Arraias que se diferenciavam, porque traziam um botão de rosa azul preso aos cabelos. Somente elas estavam assim enfeitadas.

Como se mostrassem totalmente atentas às demonstrações, não me viram. Bird aguardou uma pausa no trabalho e chamou-as com um toque em seus ombros. Viraram para o meu lado e pude saber que eram, justamente: Mirla, Tiziel e Alba.

Abraçamo-nos com mútua surpresa e júbilo.

— Por que elas têm o botão de rosa azul sobre os cabelos? — Indaguei a Bird, que me respondeu:

— Receberam esses botões no dia em que festejamos aqui a passagem das suas posições de atendidas a atendentes, de socorridas a socorristas. Quando se esqueceram de seus ferimentos e começaram a limpar as feridas dos outros. Quando receberam a palma da vitória.

Então eu quis voltar sobre meus passos e beijar os pés.

Recordei-me do esforço de Mirla, jovem portadora da Síndrome de Down que conseguiu profissionalizar-se passando a trabalhar junto a crianças excepcionais.

Revi Tiziel, com seus complicados aparelhos ortopédicos, ajudando criancinhas carentes com extrema dedicação.

Relembrei Alba, a jovem que teve suas pernas amputadas e utilizou sua vida para transmitir ânimo, coragem e alegria àqueles que passaram ou passam por igual situação.

— Meu Deus! — exclamei, sem poder me controlar.

— Meu Deus! É assim que brotaram as rosas azuis!

Positivamente é incalculável o tempo durante o qual permaneci no Castelo das Gavetinhas, tanto quanto é inexplicável que dentro de um salão redondo coubesse tal variedade de situações e circunstâncias. O que me levou a refletir que não apenas o tempo mas também o espaço não estão sendo satisfatoriamente definidos e conceitualmente nos livros didáticos de nossas bibliotecas.

Nessa reflexão não há, contudo, nenhuma crítica aos autores de livros didáticos, pois agora (mais do que nunca) eu não saberia colocar nada no lugar das definições clássicas.

26

O Castelo Azul

Apesar de eu ter participado de algumas situações lindas no Castelo das Gavetinhas, ou talvez por isso mesmo, eu nutria uma expectativa deslumbrante quanto ao prosseguimento da viagem.

Como os acontecimentos se estavam sucedendo com certa gradação, pareceu-me lógico pensar: “Certamente, agora iremos ao “Castelo Azul”.

Confesso que experimentei uma sensação de felicidade vegetativa; isto é, suspirei profundamente e com plenitude certa de que, finalmente, iria penetrar num meio ecológico sem qualquer tipo de poluição.

Imaginei um enovelamento de nuvens com aspectos de fios de ovos de luminosidade amarela, perfumados e pontilhados de rosas azuis completamente abertas.

E se imaginei algo tão despropositado foi tão somente resultado das inesperadas coisas que vira ultimamente.

Refletia: "Deve ser inimaginável esse tal de Castelo Azul!"

Essa reflexão me ocorreu por causa dos Galpões Cristalizados que tinham excedido à minha fantasia de beleza e, contudo, eram apenas partes de um "Campus" de Treinamento.

Estávamos todos próximos uns dos outros, exatamente como acontecera nos antemomentos das viagens.

Inexplicavelmente, tudo o que já descrevi desapareceu da minha visão (não sei para onde foi levado).

Íamos partir. Aí, então...aconteceu o completamente decepcionante, inesperado.

Soprou um vento forte, tão forte que nos moveu a todos em bloco. Meu coração começou a bater descompassado. Calculei que inspirava quarenta vezes por minuto.

Percebi que estávamos sendo deslocados, arrastados passivamente e sem nenhuma resistência por aquele vento. Enquanto isso, íamos ficando, pesados, com nossos cordões prateados como que se encolhendo, nos puxando, embora sem nos machucar.

Realmente não havia dor; só compressão.

De repente, me vi fora do bloco, junto de Bird. Mais ninguém. Paisagem neutra, descolorida.

Percebi a lei da gravidade ao mesmo tempo que reencontrei meus pés, como se estivessem me esperando. Contudo, o camisolão vermelho ainda vestia o meu corpo.

Muito desiludida, mas muito mesmo, perguntei a Bird com apenas um fio de esperança:

— Não iremos ao Castelo Azul?

E ele, com atitude paternal:

— Para que, Rúrica?

— Ora! Para...ver como é.

— Por que você quer ver um Castelo Vazio?

— Vazio?

— Sim, Rúrica. Os que pertencem ao Castelo Azul muito raramente permanecem dentro dele. Estão sempre ocupados, aqui, ali, acolá...

— Ou você imagina que um Castelo Azul pode ser algo como o recanto da paz permanente e do gozo interior?

— Não. Bem, isto é, acho que...

— Notei que era isso mesmo que eu imaginava, bem no fundo, repetindo atávicos conceitos.

O olhar de Bird não parecia surpreso por eu não entender. Isso, na verdade, me deprimiu.

Consegui falar, quase chorando:

— Onde está o roseiral das rosas azuis?

— Dentro de nós, esperando condições propícias para se mostrar e crescer.

Como quem tenta os últimos argumentos para se justificar, perguntei ainda:

— Mas disseram-me, literalmente, textualmente: Há o Castelo Volante, o Castelo Cinzento, o Castelo das Gavetinhas e o Castelo Azul. Os outros eu vi, estive lá, apalpei, conversei, participei.

Bird me observava, pacientemente. Permaneceu em silêncio. Era como se estivesse dizendo: "E daí"?

— Então, o Castelo Azul não existe?

— Ao contrário. É ele que existe, realmente. Tudo mais é apenas o seu caminho.

Eu, confusa, raciocinando, teimando, discutindo:

— Há quatro Castelos e só ele é que existe! Isso não tem lógica.

Bird sorriu, compassivo como quem compreende a situação. Reforçou:

— Pois, Rúrica, eu lhe afirmo que só há um Castelo, transformável, flexível, velejável.

— E tudo o que vi não foi realidade?

— Tanto quanto o que você vê diariamente ao seu redor.

— Como poderei compreender isso?

— Compreender não significa propriamente poder formar frases e usar vocábulos. Há coisas difíceis de explicar em palavras, porque a linguagem está tão somente a serviço das coisas racionalmente conhecidas.

Refleti que isso era cristalina verdade. Mas continuei, discutindo:

— E as aves feridas, aquelas que nem palavras podem usar?

— Por isso mesmo estão mais perto da essência das coisas e nelas a eternidade está mais presente.

Bird tinha respostas para tudo.

Notei que ele agora estava prestes a se retirar. Quis segurar sua mão, mas não consegui

Ouvi-o dizer, vagamente:

— Rúrica, o ar parece às vezes parado. De repente vem a brisa, sopra o vento, depois volta a brisa e tudo se acalma de novo.

O que é está sempre em movimento. O hoje indica um ponto dentro da linha. O alvorecer é tão parecido com o anoitecer, que se confundem. A vida tem formas variadas, mas sempre a mesma vida. A faixa que enlaça as coisas e os seres tem todas as cores, e é difícil dizer exatamente onde termina uma e começa outra. A viagem parece longa; mas, onde quer que estejamos, estamos sempre em nosso próprio local. Entendeu?

— Ahnnn...

As últimas frases foram ditas cada vez mais longe. Nem posso afirmar se foram exatamente essas. Lembro-me de ter perguntado, num sussurro:

— Que devo fazer agora?

Ouvi, de longe, a resposta.

— Somente o que você quiser.

Foi a última coisa que eu escutei.

— Meu Deus! Meu Deus!

Foi só o que pude dizer. E não sei se estava pedindo socorro ou se estava prometendo alguma coisa.

Quando só ouvi o silêncio, procurei Bird e ele já não estava.

Diante de mim, caído no chão, vi o camisolão vermelho se transformando em sua textura. Primeiro, pareceu uma gaze; depois, um algodão bem leve; e, finalmente, desapareceu.

Como nas anestesias gerais em salas de cirurgia, fui perdendo a consciência...3, 2... 1...

27

Volta à estrutura retangular do raciocínio

Eram seis horas no meu relógio de pulso.

Na barraca do "camping" fui a primeira a acordar. Abri o zíper da porta e pude ver a manhã ensolarada.

Joe começou a latir, reclamando liberdade.

Descerrei os compartimentos internos e constatei que "o pai" e os cincos filhos ainda dormiam.

Vesti meu roupão de praia, coloquei as sandálias, soltei o Joe.

Depois, começamos a andar (eu e o cachorro) na praia ainda deserta.

Olhei o espaço acima da cabeça, a extensão do mar, a multidão dos grãos de areia, os reflexos do sol. Não pensava em nada.

Estava tranquila como se tivesse acordado de uma sonoterapia. Vagamente me dei conta de que andava como um robô. Só eu; Joe, não. Ele estava liberto e curtia a sua natureza.

Andamos mais ou menos uma hora. Olhava o horizonte e me sentia parte do Todo, como se eu fosse um pouco do mar, da areia, da montanha.

O sol ficou quente. Os primeiros banhistas apareceram. Os ruídos do dia começaram a invadir o ambiente, quebrando a tranquilidade e condicionando os comportamentos.

Joe perdeu sua liberdade plena e começou a se envolver com as pessoas e com os de sua espécie.

Buzinas de automóveis, vozes adultas, gritos de crianças, ruídos de objetos manuseados foram colocando cada coisa no seu lugar, separando, distinguindo para que os relacionamentos passassem a ser defensivos.

Minha tranquilidade foi esmaecendo.

Os pensamentos tomaram a direção dos meus órgãos sensoriais.

Aos poucos, fui me encaixando, ou melhor, me encaixotando na estrutura retangular do raciocínio.

Vida e Luz! Tempo e Espaço! Substância e Forma! Aparência e Realidade! Alma e Corpo! Eu e eu! Tudo isso voltando à posição de conceitos, comprimindo-se para a acomodação rotineira dentro da caixa craniana, assumindo o formato nítido de palavras aprendidas, decoradas, convencionadas.

A proporção, a quantidade, o peso da caixa pequena onde tive que me acomodar (porque era exatamente a minha) depois da amplidão e da união com o todo, me provocaram até mesmo um choque físico. Senti um estremecimento ao longo da coluna vertebral.

Percebi que fora fechada à chave e que, como nas caixas de relógios, a corda estava dada e o tempo recomeçava a ser contado pelo pêndulo, sessenta segundos, igual a um minuto, sessenta minutos, igual a uma hora...

Regressei à barraca em marcha cruzada, como um soldado. Encontrei a família na movimentação típica de último dia de férias.

Um dos meus filhos (o menor) estava, nada mais, nada menos que destruindo um tecido de algodão branco que trouxéramos para a limpeza, com empenho total.

— Mas o que é isso?

— Ora, mamãe. Preciso de um pedaço de linha.

— Linha pra que?

— Pra fazer a minha arraia subir, ora essa.

Estranhamente o argumento me convenceu.

Bastante surpreendido, mas entusiasmado, o menino continuou destruindo o pano de limpeza diante de meus olhos tolerantes, pela primeira vez, naquela circunstância.

Alguns minutos depois eu podia acompanhar o movimento ondulante do meu pano de limpeza, transformado em linha no espaço suspendendo, cada vez mais alto, a arraia improvisada, feita de papel de embrulho.

De repente me surpreendi cantarolando música suave e imperativa:

"É preciso saber viver!"

Apresentação

Compõe-se de vinte pequenos artigos. Dez são pedaços de vida e dez são pedaços de pensamentos.

O objetivo é pedir a atenção dos leitores para o voo das Aves Feridas.

Nancy Puhlmann

Aves Feridas na Terra Voam

Sumário

1

A bolinha de sol

Ana Maria tentou alcançar com suas mãozinhas atrofiadas uma bolinha de sol que se refletiu no vidro da janela do Fusca.

Essa foi a primeira manifestação aparente de seu relacionamento com o mundo exterior.

O acontecimento nos foi relatado justamente quando apresentávamos o “relatório de reavaliação de caso” aos seus pais.

Ana Maria, menina linda, parecida com os anjos dos cartões de Natal, branca como um lírio, franzina em seus três anos de vida, apresentava quadriplegia e retardo mental em grau profundo. Dezoito meses de tratamento diário com Fisioterapia e Estimulação Geral não tinham conseguido resultados expressivos. Apenas haviam prevenido maiores deficiências e conservado a movimentação passiva das grandes articulações.

No nível psíquico, a situação parecia estacionada.

Nenhuma iniciativa nem traços de reconhecimento e diferenciações tinham sido constatados. A afetividade não se exteriorizava. As respostas aos estímulos sensoriais eram fracas, quase inexistentes. A atenção, ausente.

Em vão procurava-se encontrar um centro de interesse.

A menina linda e suave não fixava seus olhos, exceto no "vácuo".

Foi quando o sol ofereceu a sua contribuição.

Na forma poética de brinquedo circular, projetou sua miniatura num jogo de sombras no vidro do carro que conduzia a criança aos exercícios diários.

Deitada no colo do pai, como num leito almofadado de amor, de repente, inesperadamente, seus olhos se fixaram em alguma coisa que dançava no vidro do Fusca, aumentando e diminuindo de tamanho.

Um meio sorriso iluminou a expressão facial da menina e um movimento voluntário, focalizado, dificílimo conseguiu ser feito para conduzir as próprias mãos na direção do presente oferecido pelo sol.

Por que exatamente aquela bolinha dourada, intangível, seria o centro do primeiro interesse, a primeira porta a se abrir para o aproveitamento da experiência na vida de Ana Maria?

Bolas grandes de plástico e de pano pintadas com cores berrantes, bolas pedagógicas, bolas de vários tamanhos, bolas tilintando ruídos, borrachas e massinhas arredondadas colocadas sob pressão nas mãos da menina tinham falhado em seus objetivos.

O sol viera nos relembrar uma lição frequentemente esquecida: É preciso persistir sempre, porque não há trabalho que não cause transformação, e transformar é a motivação da vida.

Era véspera de Natal. Os pais de Ana Maria, felizes como nunca desde três anos atrás, nos disseram: – *A bolinha de sol foi nosso presente do céu!*

É possível que muitos de nós, os normais, os adultos, os cultos, os técnicos, os espiritualistas, os estudiosos, os pesquisadores, nunca tenhamos reparado nas bolinhas de sol.

Imergidos nas ocupações e preocupações, repetindo conceitos-chave, falando bem da natureza, procurando o belo e o puro... É provável que as bolinhas de sol tenham se jogado em vão sobre nossas mãos abertas.

Talvez por isso nossos corpos sem paralisias venham movimentando-se mecanicamente, produzindo cansaço, e nossa inteligência sem tropeços, em vez da autossatisfação de poder assimilar a mensagem profunda das coisas, venha se desgastando em frustrações e sinta-se afogada num oceano de palavras vazias.

O encontro de Ana Maria com a bolinha de sol foi o encontro da tristeza com a esperança. O que nos leva por analogia a refletir nos fundamentais problemas humanos, sintetizáveis na necessidade de a humanidade, vivendo nas sombras, descobrir a luz refletida nelas para atender, menos inconscientemente, aos imperativos da evolução.

2

Henriquinho – O rejeitado

Deixaram-no à porta da Instituição Beneficente “Nosso Lar”, caprichosamente vestido como se fosse a uma festa.

Manta cor-de-rosa envolvia o “pacote” com a técnica e os requintes dos berçários.

Na sala de enfermagem abrimos o “pacote”. Dentro dele havia uma criança, com ralos cabelos loiros, pequenina, parecendo um prematuro. Olhos azuis abertos e pele ressequida sem viço. Sobre o paletozinho branco de tricô via-se uma corrente de ouro sem inscrições. Os dedos muito brancos de suas mãos, estavam fletidos como se fossem pétalas de lírios.

Tiramos suas roupas de tecido fino bordadas à mão, peça por peça, todas muito grandes para seu corpinho magro.

Ficou desnudo diante dos nossos olhos. O tórax era saliente com as costelas visíveis, assimétricas e desproporcionais. O braço direito não se movia normalmente e a articulação da mão com o antebraço não tinha firmeza. Os pés, brancos como cera de vela, tinham os dedos estendidos e não se fletiam como os das outras crianças. Cada respiração levantava as costelas e o abdômen ficava tenso como se fosse arrebentar.

Estranhamos que não chorava. Provocamos alguma manifestação psíquica através de compressões na pele. Não! A criança não era muda, mas seu choro era como um gemido apenas audível por quem estivesse muito próximo.

Era um menino. Estávamos na Instituição Nosso Lar comemorando a semana da Enfermagem. Recebeu o nome de Henrique em homenagem a Henry Dunant, o fundador da Cruz Vermelha Internacional.

As circunstâncias permitiam uma interpretação que provavelmente não fugia muito da realidade.

Fora esperado, como a classe média espera um primeiro filho: roupas bordadas, tricôs talvez feitos pela mãe da mãe, jubilosa. Correntinha de ouro comprada antes do nascimento por um provável futuro padrinho ou mesmo pelo pai que esperava a continuidade de si mesmo no filho.

Talvez fosse esperada uma menina como indicavam a manta e os sapatinhos cor de rosa ...

Pode ser também que o caso fosse outro.

Alguma mulher desamparada pelo noivo. Alguma filha obrigada, por imposições familiares, a desfazer-se da carne saída de sua carne.

Mas, uma coisa estava clara. Ele fora rejeitado!

Rejeitado, principalmente por ser uma criança excepcional.

Jogaram-no na porta do "Nosso Lar" de maneira diversa da que costuma acontecer por aí, nas portas de outras casas de órfãos.

Viera caprichosamente — carinhosamente envolvido em lãs e cambraia, enfeitado com a corrente dourada, talvez lavado com lágrimas...

Henriquinho ficou três meses em nosso convívio.

A vida para ele era muito penosa. Engasgava ao deglutir, não sugava o bico da mamadeira e requeria alguém sempre a seu lado; sua única queixa era o leve gemido que hora por hora emitia.

Não assimilava a alimentação. Não crescia. Ou melhor, crescia minuto a minuto, mas espiritualmente, como crescem os que nascem sob o jugo das provas de redenção.

Mergulhado no amor da numerosa família do Nosso Lar, Henriquinho chegou a sorrir algumas vezes, mesmo no dia em que voltou à pátria espiritual.

Hoje, escrevendo sobre ele, queremos focalizar alguns alertas que parecem ser oportunos para a época presente, dos quais Henriquinho foi símbolo.

Primeiro, o problema da rejeição da criança excepcional com todas as suas consequências de ordem social e, principalmente, espiritual. Esse problema nos conduz a reafirmarmos que a humanidade precisa urgentemente do Espiritismo para entender os fundamentos, os mecanismos e as finalidades das existências terrenas. A reencarnação e a evolução são pré-requisitos para que se possa esperar a plena aceitação do excepcional na sua própria família e a valorização dessa experiência para todo o grupo de seu convívio. O conhecimento da lei de causa e efeito, a certeza de que os elementos do núcleo familiar estão profundamente vinculados pelos séculos e o significado da oportunidade reencarnatória em corpo limitado são as únicas esperanças para a solução desse problema.

Numa época como a nossa, em que a ciência e a técnica abrem horizontes novos ao poder humano e em que as opções estão sendo motivadas por perigosos e atrativos sofismas, é urgente a divulgação ampla da Verdade para fazer frente ao dilema que já começa a ser colocado, em nome do bem estar humano nestes termos: O *excepcional tem ou não o direito de nascer?*

Henriquinho também representa as milhões e milhões de crianças que trazem nos corpos um alerta para as responsabilidades de viver-se em sintonia com as leis superiores.

Para a Instituição Nosso Lar, o "pacote" jogado em sua porta foi um pedido de tarefas novas, um apelo de renovação na assistência e um marco para os trabalhos de reabilitação do excepcional, que se iniciaram alguns anos após.

Se alguém estiver lendo este escrito, por favor, faça conosco uma prece pelos pais dos Henriquinhos que estão vivendo hoje nesta terra brasileira, "coração do mundo e pátria do evangelho". Por esses pais que não sabem por que dormem sono pesado e não equilibram a saúde. Por esses pais que possivelmente enchem os consultórios dos psicanalistas para retirar o "peso" ou o "complexo" que não identificam onde está. Esses pais que talvez se encontrem vitimados por perturbações ou obsessões, sem compreender a causa inicial da triste situação.

E, diante da magnitude da vida que o Espiritismo nos compele a analisar, oremos também por nós mesmos, os espíritas da atualidade, para que saibamos o que fazer com as sementes de luz na imensa seara da Terra, tão infestada pelos conceitos vazios de espiritual idade e, contudo, tão necessitada de Deus.

3

Lúcia – A indiazinha

Na pequena cidade do interior de Mato Grosso encontramos Lúcia — a indiazinha.

Estava internada num hospital de Clínica Geral, instalado precariamente, mantido em funcionamento graças ao heroísmo de dois médicos e à dedicação de cinco freiras enfermeiras.

Lúcia tinha três anos. Ninguém sabia informar detalhadamente como chegara até ali. Alguém a trouxera, em grave estado de desidratação dois anos antes. Como fora atendida de emergência, não se anotaram nomes ou endereços e nunca fora visitada.

Seu nome foi um presente das enfermeiras. Era uma linda menina, com tipo indígena. Cabelos negros, brilhantes e lisos. Olhos escuros, tristes, chorosos, quase fechados.

Lúcia não andava, não falava, não sentava sozinha e não apresentava qualquer iniciativa. Mexia-se muito, mas com movimentos involuntários, espasmódicos, convulsivos, nos pés, nas mãos e no rosto.

Os joelhos permaneciam fletidos sobre as coxas e a cabeça geralmente caída sobre o ombro direito. Parecia totalmente "desligada" do ambiente.

Informaram-nos que tinha paralisia cerebral. Era uma criança irrecuperável, com grave deficiência física e mental. Não podia permanecer ali, em Clínica Geral, sem nenhum cuidado adequado.

— Quem sabe em São Paulo, numa obra assistencial para crianças sem recuperação...

Trouxemo-la conosco. Nossa equipe de reabilitação estava na fase inicial de suas experiências, mas já se alicerçava no princípio de que "toda criança excepcional deve ser transformada em criança reabilitante". Não aceitávamos a classificação de "criança irreabilitável", confiando no potencial restante. Raciocinávamos assim:

— Se a criança lesada sobreviveu é porque tem muitas possibilidades latentes e capacidade para crescer e desenvolver-se.

— Se conseguisse mover um olho ou um dedo da mão, ali estava nosso ponto de partida para um amplo programa a ser traçado, começando exatamente nessa capacidade.

Foi planejado intenso programa estimulativo para a indiazinha, ocupando oito horas diárias de atividade. Uma vez por semana, um grupo de dedicados voluntários vinha oferecer a assistência espiritual.

Lúcia foi uma surpresa completa e abriu novas perspectivas à nossa equipe que aprendia, com poucos livros e muitas experiências.

Aos oito anos de idade, nossa indiazinha tornou-se independente na higiene e locomoção, embora com o auxílio da cadeira de rodas. Tudo nos leva a crer que dentro de algum tempo conseguirá andar sozinha. Não era deficiente mental. Muito ao contrário. Aprendeu com facilidade o que lhe foi ensinado, sabe ler, e consegue escrever com pequena ajuda.

O mais empolgante é observar a mudança de sua expressão fisionômica. Seus olhos sorriem muito, irradiando alegria e felicidade comovedoras. Conseguiu um meio de fazer-se entender por gestos expressivos e, às vezes, por frases curtas que com grande esforço consegue pronunciar.

Não somente se comunica como também transmite aquilo que nós espíritas denominamos de "boas vibrações" a todo o ambiente. Aprendeu — e isso ela conseguiu por si mesma — algo que os sadios não conseguem facilmente: a apreciação do valor das pequenas coisas. Uma janela descerrada, um amigo que se aproxima, uma fatia de bolo, um quadro colorido, um perfume de flor, um copo de água oferecido... e Lúcia abre seus grandes olhos escuros num sorriso de alma.

Tudo isso estava oculto no interior de si mesma. Já existia na indiazinha triste, "desligada", que fora abandonada com desidratação no Hospital de Clínica Geral e rotulada como "irrecuperável".

Ela não sabe quanto lhe devemos em esperanças e júbilos. Não imagina quanto vem gratificando o pessoal técnico e os companheiros da assistência espiritual. Ignora quanto aprendemos com ela e como está fornecendo dados para que muitos outros sejam beneficiados.

O caso de Lúcia nos sugere a seguinte meditação: Não há nenhuma prova ou expiação que não possa ser vencida através do encontro de dois esforços, desde que perseverantes e corretos: o dos que ajudam de fora para dentro e o do próprio espírito em redenção, de dentro para fora.

4

Cega, surda, muda e débil mental

"Nasci em 22 de junho de 1880 em Tuscumbia — pequena cidade do norte de Alabama". Assim começa sua autobiografia de uma das mulheres mais admiráveis dos últimos séculos: Hellen Keller.

Aos dezoito meses de idade ficou repentinamente cega e surda durante uma doença infecciosa.

"Meus primeiros dias de vida foram como os de toda criança: como primogênita que fui, cheguei, vi e venci".

Na verdade, "Chegou, Viu e Venceu" aquela mulher cega, surda, tida como muda e como débil mental, antes de poder mostrar ao mundo sua personalidade ímpar, sua inteligência de superdotada e suas características de espírito evoluído.

Hellen Keller viveu encarcerada na mais estreita prisão que se pode conceber — a sensorial — que lhe deveria causar completa incomunicabilidade. Contudo, rompeu barreiras até então intransponíveis e abriu muitas portas aos excepcionais deficientes sensoriais.

Mas, não foi só isso. Independentemente de suas deficiências físicas, sua personalidade foi admirável. A respeito, disse Mark Twain: “As duas figuras mais interessantes do século XIX foram Napoleão e HeIlen KeIler”.

Aos sete anos de idade, extremamente nervosa com sua infinita solidão, tida como agressiva, difícil e retardada mental, começou uma fase nova.

“O dia mais memorável de minha vida foi aquele em que a professora, Ana Mansfield Sullivan, veio juntar-se a mim”.

Começou a descobrir, com a mestra dedicada, que as coisas tinham nome e que os pensamentos e sentimentos podiam ser escritos com sinais. Entrou no horizonte da leitura e da escrita pelo processo dos dedos na palma das mãos.

Daí em diante a vida ficou “maravilhosa”.

“Luz! Luz! Era o grito incompreendido da minha alma.

Nesse dia o astro luminoso raiou para mim”.

Estudou, pesquisou com o tato, o gosto e o olfato, escreveu livros e ensaios. Leu, no idioma original, entre outras, obras de Corneille, Alfred de Musset, Molière, Goethe, Schiller e Milton. Aprendeu o latim e o grego. Formou-se no Colégio Universitário de Radcliff aos vinte e quatro anos de idade.

As palavras dos mestres iam-lhe sendo rapidamente transmitidas pelas mãos através do alfabeto dos mudos e seus exames eram feitos em máquinas datilográficas comuns. Lia livros de letras gráficas em relevo e os livros em braille, que eram poucos.

Ouvia a linguagem oral dos outros, colocando suas mãos nos lábios ou sobre as cordas vocálicas dos que falavam. E por esse sistema iniciou a própria fala.

Durante o estudo universitário, essa jovem solitária pela ausência da visão e da audição dizia: — “A única coisa que me desgosta é a falta de tempo para as minhas introspecções espirituais”.

Fez críticas de grande finura e sensibilidade sobre o ensino da época: "O cérebro sobrecarregado não pode gozar as riquezas intelectuais adquiridas a golpes de sacrifícios".

Lendo a Ilíada, amou a Grécia.

Referiu-se à Bíblia dizendo: "Ela me deu a convicção de que as coisas eternas são exatamente aquelas que escapam à percepção dos sentidos".

Aos vinte anos de idade escreveu sua obra mais famosa: "A História de Minha Vida".

Pouco mais que adolescente, essa mulher conta ao mundo a sua magnífica experiência. Rememora, como raras pessoas puderam fazer, algumas ocorrências de seus primeiros meses de vida até a Universidade. Confronta o mundo interior com o mundo exterior que pôde captar, identificando ressonâncias e dissonâncias. Traz à tona aspectos inéditos de vivência e modelos de tenacidade, com a espontaneidade dos simples e puros de coração.

Quem não leu sua autobiografia, traduzida para quase todos os idiomas, perdeu alguma coisa que ninguém mais pode dar-lhe.

Depois desse livro, Hellen não se preocupou mais em descrever-se. Dedicou toda a sua vida ao bem, ajudando os inválidos e os desesperados, não só diretamente através de incontável correspondência, como de conferências e trabalhos que promoveu em favor dos deficientes.

Em 1896, no V Congresso da Associação pelo Ensino da Linguagem Oral aos Surdos, fez uma impressionante palestra que terminava assim: "No vencer as rudezas do caminho sentireis alegrias que não teríeis nunca, fosse a estrada confortável, e pudésseis caminhar direito ... "

Discutia-se se o surdo deveria ou não ser introduzido na linguagem oral. Então ela lhes disse: "Havemos de falar e havemos de cantar porque Deus quer nossas palavras e nossos cantos".

Seus resultados foram obtidos a golpes de energia e inteligência sem par, como disse um de seus comentadores.

Hellen costumava assistir a concertos musicais.

Gostava principalmente de solos de corda. Pousava suas mãos sobre o instrumento e "ouvia" a música.

Contam que, certa vez, viram-na maravilharse quando tocaram o órgão de São Bartolomeu em sua presença, embora estivesse isolada no meio do templo.

Tivemos a ventura de pessoalmente conhecê-la e ouvi-la falar. Ainda era uma mulher muito bela, aparentando setenta e poucos anos. Seus olhos sem óculos, azul-claros, um pouco esfumaçados, pareciam ter vida, e seu rosto agradável, emoldurado pelos cabelos grisalhos cobertos por um pequeno chapéu florido, era irradiante de luz. Corpo esbelto, postura elegante e gestos discretos, mas flexíveis.

No dia em que a conhecemos, Hellen falava sobre a situação dos cegos, surdos-mudos, chamando-a "um dos pequenos problemas da humanidade. Há outros muito mais graves". Respondeu a perguntas e fez os ouvintes rirem descontraídos com seu senso de humor e suas respostas inesperadas. Nós, os do auditório, estávamos emocionados, mas não apiedados, e entusiasmados, embora um pouco apequenados. Parecia-nos estar recebendo uma missionária de esfera superior e de um tempo futuro. Não se expressou em estilo religioso ou filosófico. Não se referiu à alma, ao bem ou a Deus, mas tudo isso parecia estar ali, dentro dela.

É claro que o timbre de sua voz era específico, um pouco mais agudo e ritmado do que o dos falantes comuns. Ela aprendera a falar sem ter ouvido nenhum som, nem ter visto ninguém e nada para que pudesse imitar.

Em 2 de junho de 1968, com a idade de oitenta e oito anos, Hellen Keller desencarnou em Westport, Connecticut, depois de um pequeno ataque cardíaco que a deixou de cama por uma semana.

Para os deficientes sensoriais do mundo, Hellen é um marco.

Para os estudiosos das potencialidades humanas, apresenta um rico material de estudo. Provavelmente, também para os simpatizantes da teoria da percepção extrasensorial.

Mas outra coisa nela é ainda mais importante: a vitória do espírito sobre a matéria e a mensagem transmitida integralmente.

André Luiz, através do médium Francisco Cândido Xavier, nos lembra que muitos "Mensageiros" descem à Terra com tarefas específicas. Prometem vencer, e todas as facilidades lhes são proporcionadas.

A maioria regressa à Pátria Espiritual vencida, curvada pelos espinhos do caminho, envergonhada pelos fracassos, frustrada pela mensagem não transmitida.

A pequena de Alabama começou a desenvolver sua mensagem justamente aos dezoito meses, quando as mais importantes faculdades se trancaram em seu corpo e fecharam-na por dentro.

O espírito então despertou. A realidade interior venceu os obstáculos, curvou, talvez, o próprio destino com a vontade criadora da filha de Deus, e transmitiu a mensagem de esperança, a lição de ânimo e a confiança na vitória da tenacidade quando a direção é o progresso e a meta é o bem.

5

O pequeno Ivano

Nenhuma caridade é mais urgente do que aquela da divulgação da filosofia espírita no mundo.

"Esta foi uma semana de intensas dúvidas espirituais para milhares de romanos, pela tragédia de um jovem pai que lançou seu filho, Ivano, um bebê deformado, de uma ponte do Rio Tibre".

"Meu filho nunca me teria perdoado se eu o tivesse deixado viver somente para sofrer". (Publicado num Jornal de São Paulo, num mês de agosto).

Desculpem-nos os leitores se transcrevemos logo de início uma notícia desagradável.

Nossa justificativa é a de que os fatos falam mais alto do que os discursos e que um ato concretizado na Terra tem um poder de influência inimaginável.

Por isso, os fatos devem ser analisados para que o nosso subconsciente não receba, passivo, a mensagem neles contida.

Justamente quando no Brasil se comemorava a "Semana da Criança Excepcional", com palestras elucidativas procurando despertar a opinião pública para esse problema humano em termos de amor e de esperanças, surgia nos jornais, causando impacto, a manchete: "Jogou o filho aleijado no Rio Tibre".

Quando já se considerava ultrapassada a fase da "eliminação" e até a da "segregação" da criança atípica, para que a preocupação presente passasse a ser "Reabilitar para Integrar", vem de Roma não só um fato mas, principalmente, "intensas dúvidas espirituais" sobre se deve-se ou não matar aquele que nasceu "somente para sofrer".

Solícitos, os jornalistas europeus fizeram uma pesquisa de opinião. Os resultados foram publicados no "IL Messagero", o principal jornal independente da capital italiana, e foram os seguintes: de 100 pessoas entrevistadas, 29 disseram que teriam agido da mesma maneira que o pai de Ivano, 31 não teriam matado a criança e 47 não sabiam como teriam agido.

Podemos daí concluir que, unindo-se os 47 indecisos com os 29 decididos, temos a considerar que 76 pessoas entre 100 tendem à eliminação dos atípicos porque pensam que a vida na Terra não é feita para sofrer. Aliás, é surpreendente que o homem ainda possua tantas ilusões a respeito!

Em 10 de maio de 1912, em Nova York, nasceu, filho de barbeiro imigrante italiano, um menino que se chamou Henry Viscardi Jr.. No lugar das duas pernas, Henry tinha dois cotos, exatamente como o Pequeno Ivano. Seus pais abraçaram-no com duplicado carinho e criaram-no da melhor maneira possível. Henry, até os 25 anos de idade, tinha apenas um metro de altura e andava graças a umas botas enormes que pareciam luvas de box. Frequentava a Universidade, onde custeava os estudos atuando como juiz de basquetebol, garçon e repórter.

Aos 26 anos de idade foi operado, passando a utilizar-se de pernas artificiais.

O Dr. Yanover nada cobrou pela operação. Disse-lhe:

"Um dia faça alguma coisa por outros aleijados. E então a dívida estará quitada".

Mais tarde, Henry Viscardi Jr., casado e com filhos, tornou-se o presidente de uma importante indústria de peças de automóvel, competindo com o grande mercado industrial de Nova York. O importante a salientar é que todos os que ali trabalhavam, desde o presidente até o faxineiro, eram deficientes físicos ou mentais. Tetraplégicos em macas usavam alguns dedos das mãos. Senhoras com retardamento mental confeccionavam trabalhos, num perfeito desafio vivo à dignidade humana.

Henry escreveu um livro chamado "Nós poderemos vencer", um verdadeiro best-seller em todo o mundo. Na primeira página está escrita a dedicatória: "Para minha mãe". A introdução é feita pela senhora Eleanor Roosevelt.

Quem sabe, o pequeno Ivano, lançado ao Tibre, nascera "não somente para sofrer", mas para fazer, na Europa, o que o seu colega Henry realizou nos Estados Unidos?

O caso Ivano não é ímpar. Aqui, ali, acolá, os jornais noticiam que outros pais desesperados fizeram a mesma coisa e continuarão a fazer no futuro, até que sejam amplamente conhecidos e assimilados o sentido e a finalidade das vidas terrenas.

Não vamos aqui nos alongar, detalhando a visão plenamente clara que o Espiritismo nos oferece do assunto e sua contribuição para o entendimento e a valorização de circunstâncias como essas. Limitamo-nos a concluir, repetindo a frase inicial:

— Nenhuma caridade é mais urgente hoje, do que aquela da divulgação da filosofia espírita no mundo.

6

A casa das três portas

Não faltava conforto nem luxo naquela grande casa do bairro residencial tipo A. Larga porta de ferro, pintada de branco e ladeada por muitos metros de grade bem trabalhada, dava o toque refinado à entrada principal da mansão.

Na extremidade do lado esquerdo, um amplo portão deixava passagem livre para dois carros ao mesmo tempo.

No lado oposto, um discreto portãozinho estreito dava acesso à área de serviço nos fundos da residência.

Fomos visitar Selma, nossa pequenina cliente excepcional, estranhando sua prolongada ausência nos exercícios.

Pais e avós nos receberam cortesmente.

Gente fina, culta, de hábitos burilados e sorriso fácil. Selma estava adoentada. Resfriado, gripe, sarampo, ninguém sabia ao certo.

Lembrando-nos de nossa formação de enfermeira, quisemos vê-la.

— Não é necessário se incomodar.

— Mas seria um prazer.

— É que ela está no outro lado da casa. A senhora sabe... os vizinhos, os amigos. Temos vida social muito intensa. É mais fácil, e melhor para ela, que seja assim.

Insistimos.

Chamou-se uma das empregadas, por meio de elegante campainha disfarçada entre as dobras de uma cortina aveludada.

Com surpresa, fomos conduzidas para fora da mansão através do portão central; encaminhadas pelo lado de fora até o inexpressivo portãozinho do lado direito, convidadas, por um gesto, a andar em fila indiana por extenso corredor sem nenhum adorno até chegar à área de serviço. Ali estavam instaladas a lavanderia, o cômodo de depósito de material de limpeza e dois quartos para empregadas.

Num desses quartos, exatamente o da empregada que nos acompanhava, estava Selma.

Era ali que residia a filha caçula dos donos da casa. Selma sorriu, discretamente, ao reconhecer-nos. Estava muito limpa e cuidada. Como emagrecera bastante e mostrava expressão dolorida no rosto, examinamos seu corpo procurando localizar a causa do sofrimento. Estava começando a ter escaras (lesões na pele causadas pelo atrito com a cama nos pontos de apoio do corpo), requerendo urgentes curativos e massagens preventivas.

— Quem poderia fazer isso?

— Eu mesma — respondeu a empregada — Basta que me ensinem. Tenho tanta pena dessa pobre menina!

A palavra "pobre" ressoou estranhamente em nossos ouvidos.

Adaptamos uma bandeja para curativos e orientamos a empregada que, infelizmente, tinha pouca habilidade para esse tipo de trabalho.

Exercitamos as articulações de Selma, massageamos seus músculos e beijamos sua testa. Depois fiquei segurando suas mãos sem saber o que dizer.

Duas lágrimas ovais saíram de seus olhos e foram rolando lentamente até os meus dedos.

— Há uma televisão no quarto? Uma vitrola? Um quadro colorido? Qualquer coisa... qualquer outra coisa além das camas, armários e prateleiras fechadas?

— Não. Há ainda a cadeira de rodas especial colocada num dos ângulos do aposento e um recipiente portátil para as necessidades fisiológicas.

Conversei um pouco com a empregada.

— Não. Não esteve doente. É que... não vão deixá-la mais ir aos exercícios. Dizem que não adianta e que o motorista não tem mais tempo disponível para esse encargo.

Olhamos ao longo de seu pequenino corpo, todo atrofiado pela quadriplegia (paralisia nos quatro membros).

Ela não podia falar, mas ouvia e entendia bem tudo o que se dizia ao seu redor.

Com muita cautela, para não magoá-la, falamos:

— Não tem importância que fique sem ir à escola. Aqui mesmo ela pode ser exercitada. Nós daremos as orientações necessárias e logo estará melhor.

A empregada então desabafou:

— Não vai haver nada disso. Eles vão interná-la numa casa especial, ainda esta semana. Uma dessas casas para ficar a vida toda.

Selma tinha apenas quatro anos e era, fundamentalmente, uma criança como todas as crianças.

Iam despojá-la de tudo a que tinha direito: o lar, a segurança, o tratamento, o amor.

Olhando-a, parecia-me ver uma rosa sendo fechada à força, ou despetalada, arrancada da terra, pisada.

Recordei-me da outra Selma que havia nela e que, talvez, só os reabilitadores tenham conhecido. Aquela que fazia ginásticas no chão, esforçando-se por engatinhar. A Selma que estava melhorando dia a dia, embora um milímetro em cada semana. A Selma que não seria curada, mas teria sua chance de desenvolver ao máximo sua possibilidades latentes. A Selma que todos amavam na escola e da qual todos sentiam saudades.

Saímos da casa das três portas procurando, no pensamento, argumentos consoladores. "Cada filho tem os pais que merece e vice-versa, foi o que nos ocorreu. Porém o amor é uma porta aberta para todos..." Como é possível que os laços consanguíneos, o apelo de proteção dos membros paralisados, a fragilidade infantil, o olhar sedento de afeições falem menos forte que as conjunturas da vida social?

E pensar que, neste mundo triste, um dia os anjos se materializaram para cantar: "Glória a Deus nas alturas e paz na terra aos homens de boa vontade", porque nascera o mensageiro do amor, a luz nas trevas, a alegria dos homens...

7
O impacto

No admirável casarão branco de tradicional alameda paulistana havia, naquela manhã, um ambiente de alegria expectante.

O casal idoso, de ilustre nome e vultosos bens, aguardava o nascimento do primeiro neto com patriarcal felicidade.

Seu único filho, casado havia quatro anos, finalmente ia ser pai!

A nora, moça de fina educação, sensível e alegre, já estava na maternidade. Talvez, a essa altura...

A essa altura a criança, penosamente, tentava nascer. "Certamente seria um menino", pensava o pai, andando pelos corredores do grande hospital. O nome estava dado. Seria o mesmo do avô, acrescentando-se Neto. Mas não deixaria que o chamassem de "Netinho" ou coisas desse tipo. O "status" também estava fixado. Seguiria a tradição familiar. Estudaria, se formaria, e depois haveria de expandir os altos negócios iniciados há mais de meio século pelos tetravós. Ele...

A maca reconduzia a jovem mãe ao apartamento. Seu rosto estava luminoso, apesar do cansaço.

Anunciou a boa nova:

— Nasceu, nasceu! — Você o viu? Como é ele?

A jovem sorriu.

— Não consegui vê-la. É ela.

Desculpe-me, meu bem.

– Ah! Sim. Ela... Ela?

Trinta minutos depois a notícia correra. Da maternidade à casa da alameda e desta para os parentes e amigos.

Quanto aos ilustres avós, o fato de ser menina não alterou em muito o júbilo do momento.

Havia o problema do nome. Até aquele dia não se chegara a uma conclusão sobre qual nome feminino mais digno, mais tradicional e mais bem sonante.

Três horas depois, a mãe, já repousada, e o pai, mais conformado, recebiam as primeiras visitas e as primeiras flores em cartões finamente decorados.

As perguntas eram mais ou menos as mesmas:

— Com quem se parece? Quantos quilos pesou? É loira?

— Não. Ainda não a vimos.

— Sim. Fui ao berçário várias vezes, mas disseram que me chamarão mais tarde.

Às despedidas, o pai, desvanecido, convidava:

— Dentro de uma semana, em nossa casa, o champanhe... Estejam todos lá.

Entardecia, quando o pediatra responsável pelo berçário entrou no apartamento. Apresentou-se. Disse algumas frases corteses à mãe. Respondeu à sua indagação:

— Sim. Está tudo bem com a criança.

Depois, solenemente tocou no ombro do pai:
— Preciso falar-lhe. Queira me acompanhar.

Foi então que o pai ficou sabendo do inacreditável: sua filha era uma criança excepcional!

Não era paralítica, explicava o pediatra, não faltava nada em seu corpo, mas os dados clínicos estavam presentes, caracterizando um caso de "mongolismo". Cresceria diferente das outras crianças. Talvez viesse a falar, a andar, a entender algumas coisas, mas sempre com grande dificuldade.

— Não! Não! — gritava o pai. O senhor certamente está enganado. Minha filha, não. Não há ninguém, nenhum caso na família. Pelo menos na minha...

O médico, experimentado e condoído, antevendo problemas maiores, procurou explicar:

— O "mongolismo"* não é uma síndrome hereditária.

É apenas genética. Não pode ser prevista. Ninguém tem culpa. Pode acontecer a qualquer um.

— Mas — falou revoltado o jovem pai — por que justamente eu? Responda-me doutor. Por que exatamente a minha filha?

Foi o começo de um grande drama. Um impacto terrível. Na verdade, o primeiro sofrimento íntimo daquele homem para quem as mínimas vontades tinham sido sempre satisfeitas.

---

* Mongolóide": termo que antigamente designava a pessoa portadora da "Síndrome de Down".

Não conseguia aceitar. Sentia dor, revolta, vergonha, medo.

O médico o aconselhou a dar imediatamente a notícia à mãe e aos familiares mais próximos, pois seria melhor agora do que mais tarde. Sugeriu que fossem chamados os avós e os tios.

— É um problema de todos, atreveu-se a dizer.

— Não. Nunca! Ninguém irá saber. Essa criança nem sairá conosco da maternidade. Não deveria ter nascido. Direi que morreu. É isso! Nasceu morta, Doutor!

— Exigia o pai descontrolado.

— O senhor vai dar essa criança para quem quiser ou... fazer o que quiser. Entendeu? Pagarei quanto for preciso...

O médico olhou profundamente para aquele homem, que tinha idade para ser seu filho, e procurou compreender.

— Vamos agir com calma.

Primeiro, essa criança precisa ser registrada...

— Jamais com meu nome! Jamais!

Durante uma hora conversaram num doloroso diálogo.

Apesar de muita relutância, o pai concordou em explicar a situação à mãe da criança — só a ela — desde que o médico providenciasse a internação definitiva num credenciado estabelecimento na Suíça. Ele pagaria os custos. Quanto ao nome...

— Já sei — respondeu o médico. — Vamos chamá-la... Maria de Jesus, por exemplo.

— Sim, sim... Filha de pais desconhecidos. Nenhuma noite foi mais terrível do que aquela.

— Mongolismo? Mongolismo? Repetia atônita a mãe:

— Mas que horror! O que é isso?

— O pediatra me explicou — dizia o pai.

— É uma monstruosidade. Os olhos ficam entortados para os lados, a boca aberta, a língua para fora. A criança não cresce, não entende nada.

Na mente da infeliz mãe, o quadro se fixou, tal como foi exposto pelo marido. Tinha dado à luz um monstro!

— Sim. A Suíça é a nossa solução.

Seis anos se passaram. O ilustre casal não teve outros filhos. Sua riqueza crescera, mas também haviam adquirido ricas experiências à custa de vários sofrimentos profundos.

Uma doença inexplicável debilitava a radiante saúde da esposa, obrigando-a a passar seus dias entre clínicas, farmácias e psicanalistas.

Em vão, viagens pelo estrangeiro... Oriente, Estados Unidos, América Latina, sempre evitando-se a Europa. Não sentiam paz ou felicidade em parte alguma. O lar era agora um triste casarão onde o sol entrava e saía sem ser percebido.

O ano de 1974 estava na metade. O mundo corria como o gato das botas de sete léguas. Muitas coisas aconteceram e a reabilitação de crianças excepcionais era um desses assuntos nos jornais, nas televisões, por toda parte.

As campanhas das associações e as promoções da Instituição Beneficente "Nosso Lar" chegaram até o casarão da tradicional alameda, com farto material de divulgação.

Envolvidos por amizades sociais, viram-se forçados, de certo modo, a colaborar.

Na verdade, já não eram os mesmos. Haviam amadurecido. Preconceitos antigos tinham se quebrado, como os vasos de porcelana. Nomes, aparências, locais e até relacionamentos superficiais vinham apagando-se como velas de pouca luz.

As consciências se comprimiam dentro do peito.

No sentimento, imensas saudades vagas. Na mente, grandes dúvidas.

Um pequeno livro com mensagens de Emmanuel, recebidas pelo psicógrafo Francisco Cândido Xavier, estava tornando-se livro de cabeceira.

Tomaram um dia uma solene resolução.

Juntos, mãos dadas, como nos tempos de noivado, mas trêmulas e frias, voltam ao hospital e procuram pelo conceituado pediatra.

Três dias depois, estavam na Suíça.

No pátio destinado à recreação, várias crianças brincam. Correm. Pulam. Falam. Riem. Dão-se as mãos. Atendem às ordens dos professores...

— Onde está Maria de Jesus? Viemos adotá-la.

— Meu Deus! Que linda menina! Que linda menina!

O casal chorava ao impacto da surpresa.

Realmente, a menina era extremamente graciosa. Pele delicada, sorriso cativante, olhos amendoados, nariz bem feito, orelhas um pouco pequenas entre longos cabelos claros. Estatura talvez um pouco baixa para a idade. Gestos afetuosos. Dedos ágeis.

— Mas é linda! — Repetia entre soluços a mãe que não se desfizera do quadro pintado pelo marido na maternidade.

— É linda! — Murmurava comovido o pai.

A menininha graciosa não entendia o que eles falavam em língua estranha. Abraçou-os, como se já os esperasse e observou-os curiosa. Era a primeira vez que via gente grande chorando.

O casal ficou duas semanas naquela Instituição, aprendendo tudo o que havia de mais atualizado sobre a habilitação de crianças "mongoloides".

Quando regressaram a São Paulo com a filha adotiva houve regozijo de todos. Parentes e amigos se reuniram para o champanhe comemorativo. Elogios se multiplicavam.

— Que bondade. Adotarem uma criança excepcional!

Darem-lhe o próprio nome!

O casarão da tradicional alameda paulistana se tornou um centro de encontros afetuosos.

Velocípedes e cavalinhos de pau, bonecas e joguinhos de armar se espalham por todos os cômodos e há, frequentemente, junto aos risos infantis de Maria de Jesus, a presença de seus primos e amigos, nos domingos de sol.

8

Onde é que mora Deus

Estávamos na sala de espera do oftalmologista. Entrou uma jovem, aparentando dezesseis ou dezoito anos, acompanhada de uma senhora de meia-idade. Pareceu-nos que alguma coisa se abrira no ambiente quando elas entraram. Marcaram sua presença pela simpatia desde o primeiro momento. Olharam para nós, os que já estávamos ali sentados há cerca de meia hora, ao todo cinco pessoas, caladas e isoladas, sem interação, cada uma encerrada dentro de si mesmo. Sorriram e a sala ficou mais larga, como se tivessem aberto as janelas que, aliás, estavam fechadas e escondidas sob pesadas cortinas de cor e tecido neutros, indefiníveis.

A jovem tinha olhos azuis, muito claros e apertados, meio escondidos atrás dos óculos grossos de armação moderna.

Esqueci-me de explicar. Nós, os cinco calados da sala, tínhamos um motivo sério para estar meio sem graça e um tanto desconfortáveis. É que haviam sido colocadas lentes de contato em nossos olhos e tinham nos aconselhado a piscar continuamente para a adaptação palpebral. Era, na verdade, um pisca-pisca constrangedor, e penso que cada um se sentia um tanto ridículo.

A senhora de meia-idade começou a conversar com a jovem. Falaram de coisas simples, triviais, de interesse geral, envolvendo-nos aos poucos. Com discrição e delicadeza abordaram o que havia de comum entre as pessoas da sala: a deficiência visual.

Conseguiram quebrar o nosso gelo. Diminuíram as tensões, e os pisca-piscas até ficaram funcionando melhor.

Dentro de alguns minutos tínhamos nos tornado um grupo social estreitamente ligado.

Foi então que a jovem contou, com a simplicidade dos que cresceram nas pequenas cidades do interior (simplicidade que as megalópoles perderam), a linda história de seu defeito visual.

— Eu quase fiquei cega aos oito anos de idade, mas hoje estou muito bem com estes óculos. Foi por causa de uma criancice. Imaginem que, desde que me lembro como gente, ficava muito preocupada em saber onde é que morava Deus. Nossa casa se localizava na mesma rua onde havia a mais linda igreja da cidade. Uma igreja cheia de estátuas douradas, de madeira e até de mármore! Todos me ensinavam que lá era a morada de Deus. Eu olhava as estátuas até me cansar, mas não conseguia entender como o Senhor da Vida podia estar ali dentro, imóvel, frio, preso e sempre igual. Sobretudo os olhos das estátuas chamavam minha atenção. Seria possível ver tudo com aquela inexpressividade?

Quando nasceu meu irmãozinho me disseram: — Foi Deus quem o mandou para nós. Então fui correndo para a igreja porque, no meu pensamento infantil, precisava ir visitar Deus e agradecer o presente.

Mas a morada de Deus chegou até a me parecer feia, apesar dos dourados, das fitas e das flores de papel.

Na mesma semana, meu avô morreu. Eu o vi no caixão todo de preto. Os grandes me disseram:
— Foi Deus quem o levou.

No fundo, achava que era certo que nascesse a criança e morresse o velho, mas era meu avô e eu o amava.

Ele foi enterrado e eu corri de novo para a igreja. Queria reclamar, chorar, pedir uma explicação, conversar com Deus.

Lembro-me de que, naquele dia, tudo ali me pareceu também estar morto, só faltando enterrar.

Então eu pensei que Deus talvez estivesse escondido num lugar alto para poder observar melhor. Subi na torre da igreja, que era o ponto mais alto da minha cidadezinha. Ali havia um sino velho que nem sequer tocava sozinho e tudo era muito escuro. Não podia ser esse o lugar. Pensei, pensei e, afinal, cheguei a uma conclusão que me satisfez! Era isso! Deus só podia estar acima da Terra e tinha que ser iluminado, imenso e quente. Deus devia morar no sol. Senti uma felicidade imensa porque achei que havia descoberto a morada de Deus.

Desde então ficava horas e horas na torre, olhando diretamente o centro da casa de Deus. Tinha a esperança de vê-lo. Vê-lo com os meus próprios olhos.

— É verdade — comentou a mãe sem nenhuma afetação. — Margarida passava as manhãs fora de casa, sozinha, embevecida, olhando o sol. Claro que nós não sabíamos disso. Pensávamos que estivesse brincando no parque. Voltava para casa com os olhos vermelhos, como se fosse ter sarampo. Quando descobrimos seus passeios na torre não deixamos mais que ela fosse.

— E você encontrou Deus no sol? — Perguntei.

A jovem sorriu, ainda mais livre e simpática:
— Não.

Era uma infantilidade. Entendi isso quando fui para a escola e aprendi que existem milhões de sóis iguais ou maiores que o nosso. Então achei que a morada de Deus é muito além do nosso sol e...

— Desistiu de procurá-lo?

— Não. Não. Continuo. Mas não é somente com meus olhos.

A mãe, sem tom de queixa, até com bom humor, acrescentou:

— Pois é. O que conseguiu foi muita dor de cabeça e esses óculos enormes sem os quais quase não enxerga nada. E pensam que sossegou depois disso? Que nada! Agora tem a mania de ler. De ler e conversar com as pessoas sobre o assunto.

Um por um, fomos sendo atendidos pelo oftalmologista e liberados dos pisca-piscas.

As despedidas foram efusivas, como se todos já nos conhecêssemos há longos anos.

Margarida tinha nos enlaçado com a sua história. Penso que cada um saiu de lá com a solene pergunta atravessada por dentro, como um espinho na garganta: Onde é que mora Deus?

Ficou-nos uma certa frustração por nossa infância sem procura. Talvez até porque não tivéssemos um motivo assim tão... profundo que justificasse nossas miopias ou nossos astigmatismos.

9
Senhorita Indermuhle

Surda-muda de nascença, a senhorita Indermuhle residia em Berna. Tinha 32 anos de idade. Outros cinco irmãos seus também haviam nascido surdos-mudos.

Em 10 de fevereiro de 1860, em Paris, Allan Kardec realizava uma sessão mediúnica experimental. Estando presente um dos irmãos Indermuhle, Kardec solicitou ao guia espiritual:

— Podemos entrar em comunicação com o espírito da Senhorita Indermuhle? — Podeis.

Fazem uma evocação e após alguns momentos: — Aqui estou e o afirmo em nome de Deus. Kardec indaga do guia:

— Podeis dizer se o espírito que nos responde é mesmo o da senhorita Indermuhle?

— Posso afirmar e vo-lo afirmo... Cabe-vos garantir uma boa comunicação, pela natureza e o móvel de vossas perguntas.

Segue-se um diálogo entre Kardec e a comunicante, o qual transcrevemos abaixo, exatamente como se encontra na "Revista Espírita – Jornal de Estudos Psicológicos", publicada sob a direção de Allan Kardec, em 1860.

— Sabeis bem onde vos encontrais agora? Perfeitamente. Pensais que eu não tenha sido instruída a respeito?

— Como podeis responder-nos aqui, se vosso corpo está na Suíça? Porque não é o corpo quem responde. Aliás, como bem sabeis, ele é perfeitamente incapaz de o fazer. Que faz vosso corpo neste momento?

— Cochila.

— Está com saúde?

— Excelente.

— Quanto tempo levastes para vir da Suíça até aqui? — Um tempo inapreciável para vós.

— Vistes o caminho percorrido? — Não.

— Estais surpresa por vos achardes nesta reunião? — Minha primeira resposta vos prova que não.

— Que aconteceria se vosso corpo despertasse enquanto estais aqui? — Eu lá estaria.

— Existe um laço qualquer entre o vosso Espírito, que está aqui, e o corpo que lá está? — Sim. Sem isto, quem lhe advertiria que devo voltar a ele?

— Vêde-nos bem distintamente? — Sim, perfeitamente.

— Compreendeis que nos possais ver, mas que não vos vejamos? — Mas, sem dúvida.

— Ouvis o ruído que, batendo, produzo no momento?

— Aqui não sou surda.

— Como vos dais conta, desde que, por comparação, não tendes lembrança do ruído em estado de vigília? — Eu não nasci ontem.

— Escutaríeis música com prazer? — Com tanto mais prazer, quanto há longo tempo isto não me acontece. Cantai algo para mim.

— Lamentamos não poder fazê-lo agora, e que não haja aqui um instrumento para vos proporcionar este prazer. Parece-nos, porém, que se desprendendo todos os dias durante o sono, vosso Espírito deve transportar-se a lugares onde podeis ouvir música. — Isto me acontece muito raramente.

— Como podeis responder em francês, desde que sois alemã e ignorais a nossa língua? — O pensamento não tem língua: eu o comunico ao guia do médium, que o traduz para a língua que lhe é familiar.

— Qual este guia de que falais? — Seu Espírito familiar. É sempre assim que recebeis comunicações de espíritos estrangeiros; e é assim que os Espíritos falam todas as línguas.

— Qual a causa da enfermidade que vos afetou? — Uma causa voluntária.

— Por que singularidade sois seis irmãos e irmãs igualmente afetados? — Pelas mesmas causas que eu.

— Assim, foi voluntariamente que todos escolhestes a mesma prova? Pensamos que esta reunião na mesma família deve ter ocorrido como uma prova para os pais. É uma boa razão? — Ela se aproxima da verdade.

— Vedes aqui o vosso irmão? — Que pergunta!

— Estais contente de o ver? – Mesma resposta.

— Quereríeis dizer-lhe alguma coisa? — Peço-lhe que receba a expressão dos meus sinceros agradecimentos pelo bom pensamento que teve de me fazer chamar até aqui, onde muito felizmente me acho em contato com bons Espíritos, embora veja alguns que não valem muito. Ganhei em instrução, e não esquecerei o que lhe devo".

A senhorita Indermuhle apresenta uma contribuição que excede ao simples prazer pessoal de sua libertação em vigília do corpo deficiente. Sua comunicação contribui para comprovar a tese da relativa interdependência físicoespiritual dos encarnados.

Para o "excepcional" essa tese é uma das bases para um entendimento mais amplo da dinâmica reabilitatória: as deficiências estão nos veículos e não no espírito, em sentido absoluto. As causas são sempre "voluntárias" pois, como bem repisa Emmanuel, somos livres na semeadura, mas escravos na colheita.

A tese acima ainda reforça a validade de todos os processos em favor do excepcional, mesmo nos casos mais graves, quer na reabilitação (desenvolver as capacidades restantes), quer na habilitação (mobilizar o potencial existente). Também traz à tona a importância do concurso mediúnico, porque desse conjunto de recursos é que se chegará a modificar não só os efeitos como também as causas, sobretudo quando se solicita a participação e o esforço do próprio atingido.

10

Ôje – O loirinho baiano

Seu nome era Ôje, pronunciado em paroxítono. Não sabemos se alguém lhe deu esse nome, ou se foi ele mesmo que o escolheu do fundo do seu pensamento preso. Veio do Nordeste em "pau de arara".

Entre duas dezenas de gente ele foi incluído, não se sabe por quem.

Magrinho e calado, tão mal vestido como os outros meninos de sua idade — teria seis ou nove anos? — passou despercebido.

No caminho lhe deram pedaços de pão amanhecido. Cada um dos adultos, a maioria homens, pensava que ele era do outro.

Foi assim que chegou a São Paulo. E só então, na divisão das pessoas, percebeu-se que ele não estava com ninguém, não era de nenhum, nem sequer alguém o conhecia.

Uma "polícia feminina" tentou interrogá-lo sem resultado. Levou-o a um assistente social, a um comissário de menores, a...

Não adiantou. Ele não dizia nada. Olhava o ar como se estivesse vazio por fora e por dentro.

Não fixava as pessoas. Tudo lhe parecia indiferente, até o alimento que comia mastigava-o como se fosse um "robô" e isso após longos intervalos de jejum.

Só reagia — e negativamente — quando era tocado, como se sua pele quisesse ficar só para ele e se sentisse ofendida ou maculada pelos contatos.

Foi assim que o conhecemos quando foi levado para o Centro de Reabilitação onde trabalhávamos.

Embora de procedência baiana, depois de lavado e escovado, viu-se que era loiro, lembrando os invasores holandeses do Brasil nascente.

Perguntamos qual era o seu nome. Sem resposta. Tentamos chamá-lo de João! Pedro! Antônio!

Nada. Cortamos, com grande dificuldade, seus cabelos loiros embaraçados. Ficou de "franjinha" e viu-se que era bonito. Será mais bonito ainda quando conseguirmos que seu olhar marrom deixe de ficar curto e vago. Foi o que pensamos.

As pessoas, principalmente as crianças, são difíceis de ser compreendidas, mas é pelo olhar que podemos saber — não "como são" mas "como estão" naquele momento.

O excepcional, ou os que agem como tal por motivos vários, apresentam seu grau de "status" interior pela expressividade do olhar.

No Evangelho de Mateus 7:22 é dito o seguinte: "*A candeia do corpo são os olhos; de sorte que, se os teus olhos forem bons todo o teu corpo terá luz*".

Depois de bem examinado pela nossa equipe de reabilitação, o prontuário deste menino se resumiu em observações exteriores. Ele não se abriu para ninguém.

Um resumo em linguagem popular seria este: Não era surdo, nem mudo, nem cego, mas estava trancado em si mesmo...

Houve um diagnóstico até complicado e um prognóstico "reservado", o que é sempre um desafio.

No dia seguinte ao de sua chegada, já foi colocado no programa de Desenvolvimento Integral de Possibilidades, que é, em suma, um ambiente de oportunidades e motivações.

Fisioterapeuta, Psicólogo, Fonoaudiólogo, Terapeuta Ocupacional nada conseguiram.

Na sala de socioterapia, cheia de miniaturas ligadas à vida social, nada o interessou.

Entretanto, uma tarde, quinze dias após sua chegada, estando no escritório, percebemos que o loirinho baiano passava pelo corredor no seu andar vago como folha ao vento.

E, como se o vento atendesse a uma predestinação, o menino entrou na nossa sala e parou em nossa frente.

De repente, o telefone tocou.

Íamos atender quando estacamos surpreendidos. O loirinho estremecera ao som do telefone. Tivemos a impressão subjetiva de que ele agia como quem esperasse um telefonema, uma chamada exatamente para ele.

Tocou de novo. Agora o menino olhava fixa e diretamente o aparelho preto.

Terceiro sinal.

Pegamos o fone e o colocamos em posição de atendimento sobre o ouvido do garoto.

Com as duas mãos, suas próprias mãos, ele segurou fortemente o telefone e, como se respondesse a alguém, falou sua primeira e única palavra, num som que saiu como que do fundo de um túnel: Ôje.

Pegamos aquele fiozinho de abertura solto de dentro para fora e não o largamos mais.

Repetimos muitas vezes: Ôje! Ôje! tentando uma ação olho no olho e, naquele mesmo dia, isso começou a ser conseguido.

O baiano loirinho passou a responder à palavra mágica e, então, todos ficaram sabendo que o seu nome era Ôje.

O estranho é que ele mesmo nunca mais falou durante os anos em que esteve na Terra conosco. Mas sempre respondeu "Ôje" como se esse fosse o seu nome.

— Ôje, venha almoçar.

— Ôje, é hora de ginástica.

— Ôje, vamos passear.

Realmente ele ficou lindo quando seu olhar marrom conseguiu acompanhar o movimento dos objetos e mergulhar nos olhos das outras pessoas.

Desde que teve um nome, aprendeu muitas coisas. Aceitou o manuseio e manifestou a alegria pelo sorriso. Chegou a bater palmas e a participar de jogos junto com crianças.

Executou exercícios de forma ativa, o que não pensavamos lhe ser possível.

Aprendeu a receber bem os abraços, e depois começou a retribuí-los.

Ficou forte e corado. Parecia feliz, mas quando estava em seu melhor momento de saúde e receptividade, ficou doente e, em três dias, saiu do corpo, regressando à pátria dos espíritos.

Nos últimos segundos de vida corporal, na respiração profunda de despedida, tentamos ouvir algum som, mas ele nada disse. Abriu bem os olhos numa expressão luminosa, e depois, lentamente, cerrou as pálpebras.

Nós é que ficamos falando: — Boa viagem, Ôje. Boa Viagem!

Relembrando essa pequena história de vida, ocorre-nos associar a sua palavra mágica à conotação daquela outra palavra que, como som, é a mesma: hoje.

Vem ao nosso pensamento, dentro da saudade do loirinho baiano, a importância da hora presente, do minuto de vivência, da oportunidade do "agora", a significação que pode ter a mensagem das coisas, assim como o som do telefone para o garoto que tirou do fundo de seu pensamento a sua identificação.

Talvez tivesse havido apenas uma tentativa de repetir a expressão baiana "ôche", ou o início de uma palavra inacabada, ou simplesmente um som sem sentido algum. O importante é que desse som nasceu o laço pessoal, afetivo, individual, que permitiu marcar a sua passagem consciente por mais uma experiência de vida na Terra.

Excepcionais como o pequeno Ôje, com incalculável esforço, chegam a perfurar uma brecha em meio à escuridão de um caminho fechado para canalizar uma preciosa gota de comunicação, enquanto nós, os libertos para a interpenetração em tudo o que Deus criou para mútuo burilamento, usamos e abusamos da palavra e da ação livres para, muitas vezes, confundir coisas e desperdiçar tempo.

Cada vez mais certos de que temos muito a aprender com os "excepcionais", agradecemos ao loirinho baiano por nos ter dito o seu nome, o que nos permite extrapolar para uma verdade filosófica de grande alcance pragmático: a de que nosso nome verdadeiro, no dinamismo das mudanças, está sempre no "hoje", no que fazemos em cada segundo de vida, porque só o "hoje" realmente nos pertence, para nele construirmos o que quisermos; só ele nos identifica, e essa identidade é grande ou pequena, boa ou má, na medida em que nele nos movemos e nele nos transformamos.

11

A carta

Eu sou uma criança excepcional. Visivelmente não me apresento igual às outras da minha idade. Minha expressão facial, bem observada, fala de minhas dificuldades. Meus olhos não se fixam facilmente nos objetos. Meus movimentos são lerdos ou agitados, descoordenados e deselegantes. Quando vocês falam depressa ou usam expressões menos simples, eu não consigo acompanhá-los e fico confusa. Se tento me expandir, dizer o que sinto e o que quero, geralmente não encontro as palavras, ou as pronuncio de forma que os deixo impacientes.

Contudo me sensibilizam seus carinhos e atenções. Comunicamo-nos através do amor.

Necessito do amor de vocês, do convívio, da presença de vocês, talvez mais do que as outras crianças.

Notem bem. Do amor e não da piedade.

Por favor, sem nenhuma gota de orgulho, repito-lhes: — Não quero a piedade porque ela apequena ainda mais a vocês do que a mim. A piedade é um disfarce de revolta para com a lei de nosso Pai.

Convençam-se: eu quis nascer uma criança excepcional. Quis porque precisava muito dessa experiência. Meu espírito foi consultado e aceitou a situação como quem recebe uma flor do céu, a flor da redenção.

Vocês se esqueceram, mas eu venho lembrar-lhes:

Também foram escolhidos e consultados por motivos bem definidos. Vocês aceitaram participar dessa prova, pois precisavam dela tanto quanto eu.

Não me rejeitem, enviando-me para um internato, sob o pretexto de que ficarei mais bem cuidada. Se fizerem isso, nosso plano de renovação conjunta cairá por terra.

Vocês não perceberam que eu e todos os meus irmãos excepcionais também temos que desempenhar uma tarefa específica em favor da cultura, da ciência e da tecnologia humanas?

Não observam como os povos, os governos, os religiosos, os tecnólogos estão interessados em estudar e resolver esse "problema" da excepcionalidade?

Já refletiram que a nossa presença nas ruas, nas escolas, nos parques, nas oficinas, vem ajudar os homens a valorizar suas possibilidades livres e abrir novos rumos às noções de variabilidade e até mesmo de responsabilidade?

Notaram como falam de nós, atualmente, até com simpatia?

Tudo isso porque, em vez de nos isolarem, pais corajosos nos mostraram aos laboratórios, nos integraram como seres humanos nos seus grupos de convivência e pressionaram as inteligências dos estudiosos para atender à nossa crescente população.

Não fiquem tristes com minha exígua aparência. Nem pensem que não posso aprender, que vivo vegetando ou sofrendo. Nada disso! Creio mesmo que eu esteja aproveitando, mais do que vocês, desta existência.

Vocês, que conhecem a doutrina espírita, não podem me rejeitar, mas também não devem me superproteger.

Suplico-lhes: Não façam para mim o que eu posso aprender a fazer sozinha.

Enquanto eu treino minhas poucas capacidades físicas, treinem vocês a paciência para me ajudar a participar. Nasci membro de seus grupos. Tenho direito à posição que ocupo no lar e não quero nem preciso ser um peso. Ajudem-me a ajudar!

Não me deixem cair na acomodação, no silêncio, no aconchego minimizante. Posso expandir-me tanto mais quanto mais oportunidades vocês me derem.

Ah! Antes que me esqueça, vocês, que conhecem a mediunidade, por favor, não me identifiquem com os "perturbados" ou "obsediados" como se fazia na Idade Média, quando o excepcional era chamado "o endemoninhado".

Tenho minhas perturbaçõezinhas e recebo as influências dos desencarnados tanto quanto vocês mesmos. Na verdade, dependo muito da faixa vibratória em que os “normais” me envolvem.

Deus não me deixaria reencarnar para essa experiência difícil, sem uma grande assistência dos anjos de luz. Frequentemente até os vejo, converso com eles e sorrio feliz. (Vocês pensam que estou falando sozinha ou rindo à toa).

Aproveito ainda para pedir-lhes que não me confundam com os doentes mentais. Ser excepcional não é ser doente. É ser diferente, entenderam? Diferente dos padrões considerados percentualmente normais.

Não sou um alienado mental. Atualmente os estudiosos falam que nós, os excepcionais, somos diferentes apenas no mecanismo receptivo-expressivo, mas que potencialmente somos iguais aos outros.

Muitos de nós na hora da fecundação de seus corpos receberam uma interferência e se desenvolveram atipicamente, passando a ser classificados como portadores de distúrbios genéticos. Outros, ao nascer, demoraram para respirar e se tornaram lesados cerebrais.

Felizes ocorrências essas que nos proporcionaram a chance — nem imaginam quanto a suplicamos! — de termos reencarnado assim, exatamente como somos.

Às vezes ouvimos alguém, apontando-nos, dizer: aí estão os grandes criminosos que voltaram.

Infelizmente não são só grandes crimes que causam as lesões perispirituais que se refletem no corpo.

Soubemos que até os chamados "pequenos deslizes" ligados às leis da saúde, como o abuso das bebidas ou do sexo e as "leves irresponsabilidades", planejadas pela mente, produzem efeitos morais só reversíveis através de reencarnes em situações de deficiência mental; às vezes graves, às vezes leves como aquelas que são chamadas de "disfunções cerebrais mínimas" e "pequenas variações da inteligência".

Em suma, queridos companheiros dos séculos, nossos encontros não são por acaso.

Vocês precisam dar-me apoio e oportunidade, convivência ampla e amor. Em troca, eu lhes renovo o alerta à responsabilidade e lhes dou a oportunidade de enriquecerem seus espíritos de virtudes.

Perdoem-me a ousadia e o paradoxo, mas gostaria de dar-lhes um conselho: — Provem seu amor, educando-me. Procurem lugares especializados para dinamizar o meu desenvolvimento enquanto meu corpo cresce, porém deixem meu talher em suas mesas e minha cama no seu quarto. Elucidem-se sobre o empolgante assunto da Reabilitação dos excepcionais. Unam-se a outros familiares e sintam-se convocados à intercolaboração fraterna.

Peço licença ainda para relembrar a vocês um fato que me é bastante grato:

Em 1968, durante o congresso em Jerusalém, a Liga Internacional propôs a formulação dos Direitos do Retardado Mental, posteriormente aprovados pela Assembleia Geral das Nações Unidas.

Esses direitos estão expressos nos sete itens abaixo:

"1 — A pessoa mentalmente retardada tem, ao máximo grau de exequibilidade, os mesmos direitos que os outros seres humanos.

2 — A pessoa mentalmente retardada tem direito ao treinamento adequado e à fisioterapia, à educação, tratamento, reabilitação e aconselhamento adequados a permitir o desenvolvimento máximo de suas habilidades e potenciais.

3 — A pessoa mentalmente retardada tem direito à segurança econômica e a um padrão decente de vida. Tem direito a desempenhar trabalho produtivo, ou dedicar-se a qualquer outra atividade significativa até o máximo potencial de sua capacidade.

4 — Sempre que possível, a pessoa mentalmente retardada deverá viver com sua própria família ou com pais adotivos, e participar das diversas formas de vida comunitária. A família com quem vive deve receber assistência. Se for necessário cuidar dela em internato, este deve oferecer-lhe condições tão próximas quanto possível de vida normal.

5 — A pessoa mentalmente retardada tem direito a um guardião qualificado, quando isso for necessário para protegê-la em seu bem-estar e interesses.

6 — A pessoa mentalmente retardada tem direito à proteção contra a exploração, abuso e tratamento degradante. Se processada por algum crime, terá direito a procedimento judiciário legal, com inteiro reconhecimento dado a seu grau de responsabilidade mental.

7 — Sempre que uma pessoa mentalmente retardada for incapaz, em virtude da gravidade de sua deficiência, de exercer todos os seus direitos de maneira significativa, ou se tornar necessário restringir ou negar todos ou alguns destes direitos, precisa conter salvaguardas legais contra todas as formas de abuso. Este procedimento precisa ser baseado na avaliação da capacidade social da pessoa mentalmente retardada, por peritos qualificados e deverá ser, periodicamente, sujeito a revisão com o direito de apelação à autoridade superior.

Sabem o que mais me agradou nesses "Direitos"?

O fato de que eles elevam o "problema" a um segundo grau, expandindo-o da família consanguínea para todo o povo da Terra. Torna ultrapassada a fase de assistência como um apêndice em nível de caridade optativa para atingir a posição e a dignidade de direitos adquiridos, reconhecidos pelo consenso internacional.

Esta carta termina aqui. Desculpem-me se não fui tão "desligada" e "passiva" como pareço, dentro do veículo corporal. É imperiosa e até urgente a minha participação (mesmo através de outros), pois sou parte de uma população que cresce dia a dia e que hoje já atinge muito mais de dez milhões, só no Brasil!

Certa de sua compreensão, sou, humildemente, A Criança Excepcional.*

* Atualmente o termo "excepcional" foi substituído por criança ou pessoa com deficiência.

12

A criança excepcional é: antes, acima e apesar de tudo, essencialmente, uma criança

Já faz tempo que a criança deixou de ser "um adulto em miniatura", o que a tornava apenas sinônimo de infância como fase germinativa da vida social humana, abrindo-se para as flores da juventude, mas destinada aos frutos (e aos espinhos) da maturidade.

A literatura poética periférica, que se referia à criança como um anjo adornado de todas as belezas e de todas as virtudes, centro das expectativas de felicidade sentimental, superou-se, apresentando agora uma visão realista e aprofundada, reapresentando-a como uma das mais graves e sérias responsabilidades da geração adulta.

A gravidade e a seriedade são identificadas pela linguagem nova das manchetes da comunicação social, que deslocou a criança do anjo de outrora para a do "trombadinha" de hoje.

A velocidade de ritmo do progresso das ciências, a concepção existencial do ser, a ousadia das experimentações tecnológicas estão trazendo, para a cultura e para a operacionalização da vida humana, uma explosão nova e surpreendente de oportunidades.

Tentando racionalizar e preservar a sobrevivência intelectual, ante o risco da confusão, as teorias se multiplicam, opostas entre si e convivendo mais ou menos especificamente, todas com alguma validade, com algum paradoxo, com alguma contradição, mas apresentando-se, honestamente, ao pensamento e à eletividade, como opções transitórias.

As teorias sobre a criança, pelo fato de não lhe ser possível optar, atingiram um nível dilemático repetitivo, que pede revisão, análise, resolução.

A diferenciação, os agrupamentos e as classificações que podem ser feitas como variáveis dos padrões humanos gerais tornam clara a existência de uma programação.

O dilema se resume assim:

– É a criança, no dinamismo de seu crescimento, o resultado da realidade do meio? Ou é o resultado imutável da programação genética?

O dilema é antigo e persistente, embora inadequado à época de hoje, na qual os radicalismos somente são aceitáveis como reforços à ideia da interdependência de fatores e subfatores, induzindo toda perspectiva de procura para a direção de um centro coordenador.

Em face da proliferação mundial do fenômeno mediúnico (com os nomes que se lhe queira dar), das comprovações da vida após a morte do corpo (fora dos contextos religiosos) e das pesquisas psicotrônicas, está vindo à tona, inarredável e irreversível, a existência de uma formidável realidade transcendental, que será, sem qualquer dúvida, o principal objeto das ciências do amanhã.

A doutrina dos espíritos, descrita nos livros de Allan Kardec, antecipou-se à nova eclosão da fenomenologia mediúnica, tanto como se antecipou às mudanças culturais, filosóficas e religiosas do mundo, possibilitando às comunidades que assimilaram seus princípios, desde 1857, a identificação dessa realidade como sendo a determinante da vida, sob a expressão de Espírito Imortal (individualização do princípio inteligente do Universo).

A criança, como tudo o mais, entra em nova dimensão. O dilema encontra resolução no equilíbrio.

A carga genética e o meio ambiente se apequenam sem perder sua importância. Tornam-se efeitos naturais, sob modelos superiores a si mesmos, causados pelo imperativo da evolução.

Os anos futuros serão frutuosos em favor da criança somente se não persistir a discriminação representada por duas omissões, imperdoáveis no atual estágio de maturidade da vida terrena: A omissão da realidade espiritual e a omissão das Crianças de minorias (as crianças marginalizadas, as abandonadas, as rejeitadas e as excepcionais).

Por maiores que sejam os esforços no sentido de beneficiar a criança, sem a presença nela de sua realidade espiritual, nenhum recurso e nenhum discurso alcançarão resultados positivos.

Por outro lado, se os direitos ao respeito, à educação, à saúde, ao lazer e à integração social forem discriminados, deixando à margem ou colocando na retaguarda qualquer tipo de criança, também de nada adiantarão as homenagens e os louvores que lhe sejam feitos.

Já não há tempo para nova semântica sobre conceitos superados, o que seria "colocar remendo novo em pano velho". Estamos em tempo de avaliação honesta e de renovação corajosa.

Quanto à renovação, só será possível sobre bases espirituais que "enfrentem a razão face a face", que valorizem todos os esforços humanos em qualquer área, colocando cada coisa em seu próprio lugar no mapa da verdade.

Quanto à avaliação, deparamos entre as omissões do passado, a mais chocante, desumana e injusta de todas: o desatendimento e a rejeição familiar, comunitária e científica da criança excepcional.

Achamos que a certeza da realidade espiritual na base da vida é capaz de tornar aplicável, dentro da situação sóciocultural de nosso tempo, a frase do Mestre Jesus: Deixai vir a mim as crianças. Não as impeçais.

Todas as crianças do mundo, sem exclusão de nenhuma.

13

A criança deficiente tem o direito de nascer?

Essa pergunta parece absurda e, contudo, não o é. Parece superada como problema e como resposta. Entretanto, está hoje dentro de um tema aberto ainda que por meio de portas indiretas.

Movimentando-se confusamente no turbilhão das novidades, o homem acha que precisa fazer uma urgente reciclagem mental para sobreviver no agora, adiando para um abstrato "terceiro milênio" a solução da dramaticidade da vida humana, só despercebida pelos distraídos ou superficiais.

Para os espiritualistas, essa dramaticidade é a carência de aperfeiçoamento espiritual.

Para os materialistas, é a impossibilidade de evitar a morte.

Para os pragmatistas, que se baseiam na verdade do valor prático, o drama é a presença de problemas superpostos resultantes do próprio progresso e a dificuldade e a demora das soluções práticas.

Entre as grandes questões de nossa atualidade, esta se tornou inevitável: A criança deficiente tem o direito de nascer?

Ela é menos perfectível que as demais. Ela tem vida terrena menos plena.

Ela é um grande empecilho na roda da engrenagem humana buscando o bem-estar social.

Essas três afirmativas justificam a validade da pergunta, pois seus conteúdos têm relação com o espiritualismo, o materialismo e o pragmatismo.

Além disso, hoje, essa é uma pergunta que pode ser feita com objetividade porque já existem recursos bioquímicos, laboratoriais e tecnológicos aptos a interromper a vida que ameaça crescer atipicamente no ventre materno.

Já se pode detectar anomalias cromossâmicas pela técnica da amniocentese. Outros processos com o mesmo fim estão em acelerado estudo.

Já foram quebrados preconceitos que impediam a livre formulação e a livre discussão de assuntos como este.

Já se conscientizou, no campo da saúde, em sentido amplo, que a prevenção é a meta mais desejável, e nenhuma prevenção é tão eficiente quanto a que impede o aparecimento dos problemas ou diminui ao máximo o seu número.

Logo, impedir a sobrevida de um ser em formação, que não atingiria a, plena autorrealização humana e incomodaria os grupos sociais, envolvendo muitos em seu problema pessoal, influindo desagradavelmente no quadro geral, já por si pouco harmonioso, não seria desejável?

A realidade da seleção das espécies e da vitória dos mais aptos transposta do reino animal para o hominal, da luta física na selva para as situações conflitivas psicossociais dão, aos recém-nascidos deficientes, pequenas chances de sobrevivência.

Não seria melhor para eles que não tivessem nascido? Numa terra onde os considerados normais não resolveram suas próprias dificuldades e inexistem os recursos necessários ao pleno desempenho, como enfrentar o enorme número de excepcionais deficientes que requerem superesforço familiar, cultural, moral e sócio-econômico?

Nem sequer será necessário analisar as conclusões, relacionando a estatística de casos, com a previsão de custos.

Não está a ciência hoje, mais do que nunca, voltando-se para servir ao homem nas suas requisições atuais e na programação do futuro bem-estar geral?

Não é essa a suprema aspiração dos habitantes da Terra?

Há ponderáveis argumentos contra o chamado "direito de nascer" da criança deficiente.

Convém recordar que o progresso parece seguir rotas circulares nas quais há aparente reencontro com o passado antes de cada alargamento geométrico.

Outrora, certos povos destruíram serenamente a vida das crianças defeituosas. Hoje, a mesma ideia e a mesma ação, com sofisticações e novos recursos sentimentais, parece reviver aqui, ali, acolá...

Contudo, não deixa de ser chocante a negação do direito de nascer a uma vida que já está em desenvolvimento no ninho materno. Cremos que esse choque natural é muitas vezes vencido por argumentos verbais repetitivos, capazes de levar o intelecto, usado no relacionamento externo, a uma dicotomia com a expectativa do aspecto espiritual e transcendental do ser que respeita a vida sob qualquer forma que se manifeste.

A dicotomia acima referida parece levar-nos ao dilema seguinte: Somos nós os senhores absolutos da vida e da morte, ou estamos submetidos a um plano de ocultas origens preexistente ao nascimento do homem e à própria formação deste nosso planeta?

Haverá uma causa, superior em força e poder, determinando os acontecimentos das vidas na Terra em seus detalhes e variações individuais com específicos propósitos, ou é o homem o autodeterminador de seu destino, e o manipulador de sua espécie dentro do mundo?

Na primeira hipótese, o indício embrionário de vida indica o direito inalienável de nascer.

Na segunda, o homem com sua ciência e sua experiência faz a opção, sem poder, no entanto, abstrair-se completamente da solene questão: Aquilo que é resultante da fusão de duas células vivas e está se multiplicando, com características de vida humana em meio apropriado, tem ou não o direito de concluir seu processo e manifestar-se externamente?

É mais válido arrancar a raiz, ou colocar estacas na planta que nasceu torta?

Lembramos, a propósito, uma fábula que lemos algures:

Os homens mais sábios foram convocados para solucionar um grave problema da cidade. O problema consistia em que havia dez cabeças mas apenas nove chapéus. Ao fim de dias e noites de análises, pesquisas, discussões, estudos etc., os sábios concluíram: Corte-se uma cabeça!

Não cremos que seja fácil ao homem persistir na dicotomia e desrespeitar pacificamente a manifestação da vida. Aos argumentos acomodatícios ele procura e espera encontrar a resposta certa, pressentindo internamente que deve haver uma verdade maior. Confia na vitória da vida e do amor, ambos antíteses da destruição.

A nosso ver, o Espiritismo, tal como foi codificado por Allan Kardec, tem a resposta a essa procura.

Apresenta o quadro de referência fundamental que estava faltando para se perceber o liame harmonioso das coisas, das situações e dos seres na unicidade do plano divino.

A concepção das vidas terrenas como meio de aprimoramento através de reencarnações sucessivas vem romper as nuvens da confusão, esclarecer os dilemas e valorizar todas as experiências humanas. Torna possível que materialistas, pragmatistas e espiritualistas ofereçam à cultura preciosos subsídios, porque prevê que o homem do futuro será um homem "prático", capaz de solucionar acertadamente seus problemas terrenos e imediatos, apto a valorizar de forma adequada o mundo material, justamente porque estará certo da sua imortalidade e entenderá o significado de cada circunstância.

O Espiritismo não supervaloriza o nascimento da criança deficiente, mas registra o fato como um reforço na comprovação de sua tese a respeito da finalidade evolutiva da vida.

Em relação à pergunta título deste comentário, a resposta, sob o prisma espírita, nos parece ser fácil, imediata e clara: Nascer é reencarnar e quanto mais cedo um espírito se aprimora, se reajusta ou se redime pelas reencarnações, tanto melhor para ele e ao mesmo tempo para toda a comunidade humana, pois na verdade estamos estreitamente enlaçados uns aos outros.

Nossas necessidades, nosso destino e nossas falhas são muito parecidas e no mecanismo das leis a reciprocidade tem sido regra geral. Quem obstruir um caminho encontrálo-á obstruído quando dele necessitar.

14

A "pessoa" deficiente

1981 foi o Primeiro Ano Internacional da Pessoa Deficiente.

Digna de nota a expressão, intencionalmente escolhida pessoa deficiente, proposta como objeto de reflexões para aquele ano, em dimensão mundial.

Por mais óbvia que possa ser, atualmente a noção de que todo ser vivo humano deve tornar-se uma pessoa, ser aceito e respeitado como tal, os portadores de dificuldades nos processos habituais de receptividade e expressividade na nossa realidade social ainda são encarados como deficientes e não como pessoas deficientes.

Parece quase a mesma coisa. Contudo, é muitíssimo diferente ser identificado como um deficiente — substantivo comum — ou como uma pessoa deficiente, adjetivo qualificativo que não anula a denominação básica.

O que precisa ser conscientizado pela sociedade, pelo poder público, pela legislação, pelas famílias, pelos técnicos e pelos próprios envolvidos é que se trata de pessoas, na plenitude substancial do termo, com um acréscimo de requisições no quadro das necessidades básicas humanas, ou um decréscimo de aptidão em uma ou varias das características ou dos detalhes convencionados como "normais".

Vale a pena considerar a seguinte pergunta: Haverá um parâmetro básico para a conceituação de "Normalidade", diante da variedade de apresentação dos seres humanos, tanto no campo biológico quanto no comportamento psicossocial, principalmente no atual contexto da vertiginosa mudança cultural e, consequentemente, da necessidade de criatividade e adaptações para a sobrevivência?

Mesmo através de superficiais observações, ou simplesmente tomando conhecimento dos "furos" do jornalismo noticioso, dos "fantásticos" reais ou dos "prodígios" das experiências nas áreas da genética, do mentalismo ou da paranormalidade, podemos deduzir que a amplitude da variedade alargou-se em todas as direções como uma explosão centrífuga e todos os círculos de alargamento estão passando a fazer parte da realidade humana.

Considerando-se dessa forma, não há nada que ocorra em todos os lugares da Terra, com incidência que chegue a ser notada e anotada, que deixe de dar sua contribuição ao universo de experiências humanas, participando, portanto, da "normalidade".

Os indivíduos portadores de deficiências são uma imensa legião, calculada em dez por cento da população mundial. Constata-se que essa porcentagem cresce a cada dia, como efeito de muitas causas desencadeantes, entre as quais se sobressaem as resumidas na palavra "progresso".

Se fizermos uma listagem das deficiências com certa meticulosidade, é provável que cheguemos à conclusão de que a maioria dos seres humanos as tem e, portanto, um critério estatístico para a normalidade fica plenamente prejudicado.

Para justificar essa afirmativa, lembremos a pergunta:

Quem são as pessoas deficientes?

A resposta, em termos empíricos, é a seguinte: são os portadores de pequenas, médias ou grandes incapacidades nas áreas motora, sensorial ou intelectual, incapacidades essas que comprometem, em graus variados, o desempenho e a adaptação desses indivíduos ao meio social.

Além daqueles que precisam de tratamentos especializados, claramente engajados no conceito de deficiência, por causas encefalopáticas, genéticas ou traumáticas, a listagem teria que incluir outros grupos como os obesos, os excessivamente baixos de estatura, os reumáticos graves, os míopes, os tardos de memória, os lentos de gestos etc., além dos desajustados, dos tensos, dos marginalizados, dos que se tornam pessoas deficientes por carências nas suas vidas.

Se colocarmos o assunto em nível de considerações espirituais, incluiremos os desajustados morais, as desaceitações das provas redentoras, as atitudes egoísticas, gerando comportamentos insatisfatórios e, portanto, deficiências no campo dos desempenhos e da vida de relação.

Podemos então transformar a pergunta anterior nesta outra:

— Quem não é pessoa deficiente?

Oportuno lembrar que os portadores de deficiências não podem ser confundidos com "doentes", exatamente porque suas dificuldades são instaladas permanentemente e incorporadas na personalidade como parte dela, não se enquadrando mais no conceito clássico de "doenças", mesmo quando a causa inicial foi patológica. Sanada a causa, o efeito cronificado se torna um característico próprio.

Quando as deficiências se mostram na área intelectual, as pessoas se manifestam atipicamente nas suas reações aos estímulos e nas respostas às solicitações. São pessoas atípicas. São pessoas diferentes. Não são doentes.

A distinção acima parece uma filigrana de pouca importância, mas é imprescindível para o processo de pessoalização.

Atualmente, o conceito de "pessoa" passou a ter complementos que o ampliaram mas também que mais o aprofundaram, contradizendo o princípio de que maior extensão significa menor profundidade.

Exatamente a profundidade do conceito de "pessoa" reside na realidade espiritual da vida.

A presença do espírito imortal, viageiro dos séculos, regendo, em cada período transitório de encarnações, as condições variadas de vida terrena, dá dimensão transcendental a cada experiência e fundamenta a extensão abrangente da normalidade.

Sob outro aspecto, o monismo filosófico reflete-se na imensa variedade de experiência para a imperiosa meta da perfeição.

Vamos recordar que, outrora, as criancinhas portadoras de deficiências eram sumariamente mortas, sem que isso causasse qualquer constrangimento. Havia nesse costume um misto de "seleção natural da espécie" com a megalomania de poder do adulto, envolvida por trágico engano sobre o sentido da vida. A esse período sucedeu o da rejeição em vários graus, rejeição que se estendeu longamente e ainda persiste com certos disfarces.

Os princípios religiosos de auxílio aos necessitados promoveram a criação de recursos destinados à assistência, abrindo uma era de paternalismo. Quanto mais evidente ou mais chocante a deficiência, maior a piedade e a intenção de ajudar.

Algumas vezes a intenção se concretizou e dessa motivação nasceram trabalhos vários, pesquisas, estudos e bases para a convocação da ciência que, morosamente, caminhava nessa direção.

Hoje — a palavra "hoje" sintetiza o que se atingiu, o que se maturou e as perspectivas do futuro — também os portadores de deficiências estão entrando em novos rumos, embora arrastando as correntes que os aprisionaram no passado.

Um dos aspectos novos do nosso hoje e um dos mais nítidos sinais de que se é uma pessoa, está no assumir-se e aceitar-se, no construir-se, e através de si mesmo atingir a todos.

Os familiares e os técnicos, os afeiçoados e os pesquisadores, os voluntários e os especialistas repetiram, com poucos resultados, nos quatro cantos da Terra, que os portadores de deficiências ultrapassaram a fase de caridade, adquirindo direitos e deveres promovidos por processos científicos, comportando os aspectos preventivos, curativos, habilitatórios, reabilitatórios e de integração social.

Em um congresso mundial na Dinamarca foi enunciado o "Princípio da Normalização", apresentando subsídios conceituais sobre as pessoas deficientes inteiramente novos ao pensamento humano.

Contudo, as ideias novas são como elásticos que costumam voltar ao comprimento comum, tão logo largados pelas mãos que os esticam.

Mas agora situação ímpar está se registrando. As mãos que esticam os elásticos são as dos próprios envolvidos. E eles não os largam.

Os portadores de deficiências não eram aceitos como pessoas, em parte porque eles titubeavam na aceitação de si mesmos, e se apequenavam interiormente, pressionados pelas dificuldades externas.

Agora são eles que se afirmam pessoas deficientes. Aceitam suas incapacidades. Procuram compensá-las com os recursos técnicos à disposição, somados a um magnífico — às vezes, gigantesco — esforço próprio.

Enviam recados à sociedade humana, não mais pedidos de socorro. Recados que transmitem com humildade, mas com dignidade, sem reclamações pelo passado, acreditando no crescimento conceitual de hoje. Alguns dos recados são estes: Estão se preparando para assumir papéis na vida familiar e na vida social, bastando que recebam uma chance e que as portas não estejam previamente fechadas para eles; querem ser despojados do apelido de "pesos" para a economia do país; estão nas escolas e nas oficinas de treinamento. Andam ou são conduzidos pelas ruas transportando suas malas com material de estudo ou com instrumentos de trabalho; conseguiram confiar em si mesmos e estão dispostos a fazer duplo esforço para contribuir no desenvolvimento do seu potencial existente ou restante.

Se os seus direitos forem cumpridos, no que cabe à sociedade e ao poder público realizar, não há qualquer dúvida de que os resultados serão, como na palavra evangélica, "a cento por um".

A primeira condição é que eles possam ser considerados, respeitados e aceitos como pessoas portadoras de deficiências.

Será tão difícil?

Pensando bem, nós outros, diante da harmonia das leis da vida, também não somos pessoas portadoras de deficiências?

15

A oração do paralítico

Tomamos conhecimento da oração do paralítico por intermédio do primeiro número da revista "Reabilitação", e achamos que seria bom divulgá-la em outros veículos de comunicação pela singeleza da forma e beleza do conteúdo.

É uma oração-depoimento, por isso equivale a muitas páginas de suposições ou a muitas dissertações escritas da forma: "faz de conta que sou eu".

Salientamos antes um aspecto óbvio, mas que merece ser lembrado. O deficiente físico, sobretudo quando a incapacidade surgiu na idade adulta ou plena juventude, enfrenta uma superdificuldade: a consciência e a aquilatação da perda, do corte em sua vida, da limitação e do apequenamento de suas aspirações e da destruição de seus planos. Sente-se emparedado e geralmente cai em profundo desânimo que leva à revolta. A doença ou o desastre causaram a sua desgraça e ele pode sentir-se como uma vítima escolhida ao acaso.

Essa compreensível situação tem maior ou menor duração segundo inúmeros fatores, entre os quais pesam mais a filosofia de vida, o apoio dos próximos, a influência dos reabilitadores e a reserva moral de que disponha.

Compensativamente, depois do período de mais aguda prostração, surge uma fase de revigoramento imprescindível para a sobrevivência em equilíbrio — e se desenvolve a maturidade interior. Começa a procura de uma fresta no emparedamento e pode ser encontrado um horizonte novo, desde que se procure na direção vertical. Porque é nessa direção que ele está.

A perda pode, paradoxalmente, gerar uma riqueza imponderável de imenso valor, dessa a que se refere o Evangelho: “a traça não rói e os ladrões não roubam”.

Sob o ponto de vista da doutrina espírita, esse é o fruto magnífico da difícil provação redentora porque é, nitidamente, um fruto de sabor evolutivo.

A oração do paralítico, que transcreveremos abaixo, ilustra bem o que estamos procurando dizer.

Durante a guerra civil americana um soldado foi ferido e ficou paralítico irreversivelmente. Após superar muitos meses de grandes sofrimentos, vislumbrou o novo horizonte. Escreveu uma oração que se transformou, desde aquela época, numa das mais belas páginas escritas por um deficiente físico. A tradução livre, do original inglês, é de Gustavo Joppert.

Eu pedi a Deus por força,
para tudo conseguir...
Fui feito fraco para
aprender a obedecer.
Eu pedi a Deus por saúde,
para realizar coisas grandiosas...
Fui feito doente
para realizar coisas difíceis.
Eu pedi a Deus por

riquezas, para comprar felicidade...
Fui feito pobre, para vender sabedoria.
Eu pedi a Deus por poder,
para que os homens necessitassem de mim ...
Fui feito insignificante,
para sentir a necessidade de Deus.
Eu pedi a Deus por tudo
isso, para poder gozar a vida ...
Foi me dada a vida para
poder avaliar seu gozo.
Eu não recebi nada do que pedi
Mas obtive tudo aquilo que esperava ganhar.
A despeito dos meus erros, as preces que não
fiz foram atendidas.
E, dentre todos os homens, eu me considero
O mais ricamente abençoado.

Em lugar de tecer alguns comentários a respeito dessa Oração, sugerimos aos leitores que usem o próximo minuto relendo as palavras do soldado ferido que se tornou um paralítico anônimo e só depois, exatamente através do que perdeu, conseguiu sentir-se o mais ricamente abençoado entre todos os homens.

16

Falta de vagas

"Não havia lugar para eles" — Lucas, cap. 2 Vers. 7.

Na plenitude da noite, aquela família pertencente aos altos planos de espiritual idade, mas encarnada na Terra, viajava modestamente atendendo decreto de César Augusto. Todos deviam alistar-se, cada um em sua cidade natal.

Os primeiros sinais do parto já se apresentavam e a preocupação do esposo era crescente.

Um lugar, qualquer lugar para passarem a noite, aquela noite, era imprescindível.

Bateram em várias portas. Tinham algumas economias.

Precisavam alugar um quarto. Mas as pensões estavam repletas.

Uma criança estava prestes a nascer. Contudo, "... não havia lugar para eles".

Finalmente, condoído, alguém lembrou: Só no estábulo onde os animais se recolhem. Não é confortável, mas é o que se pode arranjar.

Aquele homem, marceneiro de profissão, improvisou um berço, acomodou carinhosamente a esposa sobre o feno e, cansado, adormeceu.

Acordou com o choro do menino recém-nascido.

Os videntes puderam ver "uma multidão dos exércitos celestiais cantando: Glória a Deus nas alturas, paz na terra, boa vontade para com os homens".

A luz espiritual era grande e eles se encheram de temor.

Então um anjo lhes disse: "Não temais porque eis que vos trago nova de grande alegria que será para todo o povo. Pois, na cidade de Davi, vos nasceu hoje o Salvador que é Cristo, o Senhor. E isto vos será por sinal: Achareis o menino envolto em panos e deitado numa manjedoura".

As primeiras visitas foram as dos pastores videntes que, emocionados, relatavam as revelações do Alto.

A jovem mãe “guardava todas essas coisas conferindo-as em seu coração”.

Ainda agora que o mundo cresceu em progresso, em experiência, em erros e resgates, em descobertas e tentativas de felicidade, ouve-se por aí a mesma frase que o evangelista Lucas, de forma simples e sentido dramático, colocou para focalizar a situação. Quando mais urgente se fazia a necessidade ... “não havia lugar para eles”.

Jovens sofridas, homens sem trabalho, velhinhos esquecidos, gestantes ansiosas, mães desesperadas, crianças desnutridas vêm batendo nas portas das casas de amparo social, às vezes como esperanças supremas e últimos recursos a serem solicitados antes de decisões fatais que já cultivam nas mentes desiludidas, porque nos núcleos familiares, no convívio consanguíneo, no meio dos mais íntimos e dos mais próximos... “não havia lugar para eles”.

Mães que carregam nos braços filhos “excepcionais” quase adolescentes chegam cansadas às clínicas de reabilitação para as avaliações das possibilidades restantes e saem desiludidas porque alguém lhes diz: Agora é muito tarde. Seu filho perdeu as oportunidades melhores de recuperação nos anos que passaram.

Então, é frequente ouvir-se a repetição simples e dramática da frase do Evangelista, saída amargamente dos lábios da mulher cansada: Procurei. Procurei. Procurei, mas... "não havia lugar para ele".

Enquanto isso, crianças sadias e alegres aprendem nas escolas no mês de dezembro a cantar e a dançar batendo palmas:

Bate o sino, pequenino sino de Belém,

Já nasceu Jesus menino para o nosso bem!

Pensamos que seria bom, ao rememorar para as gerações novas a história do importante nascimento, pararmos um pouco na frase: "não havia lugar para eles", com a intenção de motivar o impulso cristão para as atividades do amor, da intenção à ação, da atitude à conduta, do ideal à construção assistencial num mundo onde a vida é conjugação do espírito com a matéria mensurável. Porque é necessário que sejam criados objetivamente os recursos para responder a todas as situações humanas, a começar das mais urgentes, no sentido de que haja sempre o "lugar preparado" em nome da fraternidade.

As situações difíceis são as mais solenes da vida, pois são as que mudam as rotinas do dia a dia e movem a roda da evolução, tanto para os que estão dentro delas quanto para os que planejam soluções e constroem recursos benéficos.

A noite do nascimento do menino Jesus, longínqua no tempo, na sua sequência de acontecimentos, projeta sobre a época de hoje uma realidade insofismável e um apelo direto.

A realidade é que Jesus nasceu em Belém e o Cristianismo, como organização estruturada, tentou conquistar o mundo, mas não conseguiu conciliar a perspectiva horizontal da Terra com as finalidades verticais da mensagem evangélica. O apelo é para que todos na família humana tenham o lugar de que necessitem, mesmo que seja na manjedoura simples onde possa ser adaptado um berço, para que o acontecimento do Natal se introjete e o Cristo renasça efetivamente no coração e na mente dos homens, em simbiose de amor, sabedoria e ação, na plenitude da noite.

17

Poluição

Poluição! Eis uma palavra das mais frequentemente pronunciadas hoje em nosso Brasil.

O termo, já usado e abusado no singular e no plural, está tão consagrado que se tornou abrangente, generalizante: a poluição do globo terrestre! Também se usa como substantivo abstrato e como qualificativo. Fala-se por aí em poluição do ar, dos alimentos, da água. Poluição auditiva, visual, olfativa, gustativa e até tátil!

Poluição no pensamento e no sentimento, o que parece significar: intenção poluída, amor poluído e outras feiuras desse tipo.

Lemos em um jornal esta manchete: "Poluição visual causada por crianças excepcionais em rua residencial".

Tratava-se da impressão desagradável, colhida através dos olhos da vizinhança, causada pela existência de uma escola de excepcionais na mesma rua. Os "causadores" desse tipo de poluição eram crianças apoiadas em aparelhos ortopédicos ou em braços de adultos, com formas mal acabadas em relação aos modelos humanos comuns, com gestos descoordenados que teimavam em tornar-se mais acentuados diante de estranhos quando estes os observavam detidamente. Em horas determinadas entravam e saíam da referida escola, espalhando sua "poluição" pelas calçadas e contaminando as consciências alheias.

O que mais nos surpreendeu foi o inesperado tipo de comportamento humano contido na queixa, que desafiou as expectativas tradicionais diante de casos análogos. Esteve ausente a conhecida e repetitiva piedade. Ostensiva e humilhantemente ausente, como se ela tivesse morrido ou nunca tivesse existido; ausente aquele tipo de piedade sem raiz de antigamente, que apenas mascarava a acomodação, filha do sentimentalismo piegas que suspirava e lamentava alargando feridas e não ajudando em nada. Mas também ausente a piedade produtiva que é silenciosa, observadora, passageira e rápida, não se expressando senão na intimidade da alma até gerar um plano de auxílio. As duas piedades estavam ausentes.

Estranha época a nossa! Diálogos sem inibições, autenticidades sem reservas, opiniões sem diques, desestruturações de liberdade com ou sem discernimento. Por isso fatos como esse evidenciam a convivência de duas ideias opostas defendendo seus direitos, protegendo-se, procurando impor-se, persuadir. Em jogo, duas pedras lançadas para direções diferentes, atiradas da mesma comunidade local, mesmo bairro, mesma rua.

Não sabemos como terminou esse caso. Como ficaram os relacionamentos entre os "poluidores'" e os "poluídos". Mas o tipo de comportamento apresentado, liberto e ousado, teve, com sua extrema rudeza, duas consequências que até nos parecem positivas: terminou com a farsa da piedade sem raiz e agitou o assunto, movimentando, embora tentando destruir, uma das peças da problemática do excepcional, justamente aquela, de que tanto se fala hoje, da integração social. Agitando, popularizou-a e, de certa forma, pressionou a tomada de posição.

Sob outro prisma, a frase em manchete conseguiu, sem querer, identificar uma nova correlação entre o que os olhos veem e o que a visão enxerga. O mestre Jesus há vinte séculos alertou as gerações para uma distinção significativa entre olhar e ver e entre ver e enxergar. A mesma distinção, aliás, que há entre ouvir e entender, entre escutar e assimilar.

Sem dúvida, a parte externa visível dos órgãos sensoriais (olhos, nariz, orelha, boca e pele) são a periferia da maquinaria perfeita do organismo humano. Levam o mundo externo para dentro. Transmitem as mensagens das coisas, ou melhor, das características das coisas (forma, cheiro, ruído, gosto e consistência) para o interior, onde se realizam as sínteses e são geradas as ideias e as associações; das sensações à percepção, à captação, ao conhecimento. Do interior voltam para fora, através de habilidades de expressão que traduzem atitudes, o que podemos chamar, simplificando todo um processo complexo e formidável, de comportamento individual.

Estudiosos já sabem e nos ensinam que diante de um mesmo objeto com certa forma, cor, textura etc., duas pessoas recebem essas características possivelmente de modo diverso, pois os órgãos sensoriais não são exatamente iguais, nem transmitem idênticas sensações. Os homens se diferenciam no receber e no devolver, no que veem e no que entendem.

Um dos motivos dessa diferenciação está justamente nas aquisições do próprio espírito, latentes ou não na existência física, mas direcionadas à síntese, formando essa ou aquela atitude, determinando um ou outro tipo de comportamento.

Dessa multiplicidade exteriorizada é que se poderá um dia atingir o conceito global, com um centro nítido de significações interiores, que unirá os homens.

As coisas que vemos ao se apresentarem trazem uma mensagem verdadeira, embora simbólica. São convites para a curiosidade. Esperanças para o encontro com a Verdade.

Se as coisas fazem isso, que dizermos das pessoas, com suas variedades, suas tenacidades e a imensa versatibilidade de suas expressões, provando que a espiritualidade está individualizada no mundo!

Não serão mensagens vivas e concretas do próprio Deus, inatingível de outro modo?

O Espiritismo, esclarecendo a mente e libertando o sentimento das ilusões, projeta luz muito especial ao que nossos sentidos colhem do mundo externo e abre novas clareiras na compreensão, na valorização e no relacionamento humano.

Longe da defensiva contra a "poluição" visual diante do incomum, identifica a lastimável cegueira e a triste surdez que constitui em ver imagens e não enxergar significados, em ouvir ruídos e não discernir conteúdos.

Talvez exatamente o incomum, o atípico, o chocante é que vem transmitir aos homens, como pequenas sombras, os apelos do sol da redenção que, afinal, é o sol que nos aquece, a todos, neste mundo.

18

O potencial humano

Conclusões de estudos, correlacionando quantidade e uso, atestam que somente 10% de nossas células cerebrais estão sendo postas a trabalhar. Isso significa que temos um enorme potencial cerebral a ser desenvolvido. Significa também que todos nós somos, de certa forma, mais ou menos lesados cerebrais.

Para compensar essa defasagem, é válido concluir que provavelmente no futuro os seres humanos terão ultrapassado os mais altos índices de coeficientes intelectuais, e os superdotados de hoje estarão superados.

Enquanto eminentes estudiosos identificam novos detalhes no Universo e audaciosos astronautas se dispõem a descobrir novos portos no cosmos, também o corpo do homem vai sendo campo de pesquisas e de surpreendentes revelações.

Apesar de há muito retalhado, examinado, conhecido estruturalmente, fala-se do "universo" desconhecido que ele ainda representa. A bioquímica, a genética, o metabolismo interno, as relações psicossomáticas, as modificações inesperadas causadas por fatores desconhecidos, o desaparecimento de fenômenos previstos, o reequilíbrio espontâneo etc., constituem um desafio para os estudiosos.

Diante de fatos sem causas identificáveis, interroga-se de novo e duvida-se de afirmativas generalizadas, tradicionais e repetitivas.

A parapsicologia, segundo o Prof. J.B. Rhine, faz uma amostragem que pode levar ao continente espiritual requer uma nova formulação de conhecimentos e induz à discussão da validade de conceitos estáticos.

Por outro lado, a incidência das curas espirituais pela imposição das mãos, das cirurgias mediúnicas e da mediunidade em suas múltiplas formas, levitando objetos pesados, plasmando aparelhos de fonação, materializando formas palpáveis, requer um atencioso retorno aos conhecimentos antigos, uma abertura de campo para a penetração na realidade imponderável e também uma atenção maior para com o corpo físico como veiculador do novo continente a ser conhecido pelo futuro.

Principalmente para o cérebro que centraliza o desafio.

A alta incidência de crianças deficientes cerebrais no mundo — calculada em 7% da população global — vem despertando a consciência científica, apresentando também o seu requerimento de solução ou, pelo menos, de explicação e atendimento. Estudiosos vêm alertando para o crescimento anual do número dessas crianças como um dos mais expressivos flagelos dos dias atuais.

Foi, principalmente, do interesse despertado pelos problemas dos lesados cerebrais que se chegou a algumas das novas concepções a respeito do cérebro, incluindo-se a do seu potencial.

Novas perspectivas também se abrem no campo da reabilitação, baseada justamente no "potencial" desconhecido do cérebro.

Essas considerações nos levam a refletir sobre o quanto temos ainda a aprender a respeito do nosso veículo corporal antes de podermos afirmar estar de posse do conhecimento periférico do nosso ser.

Que dizermos então do potencial espiritual? E dos outros veículos ainda não admitidos pela ciência, que se interpõem entre o cume onde está o espírito e a encosta por onde o corpo se manifesta?

A física nuclear, a química, a astrofísica rasgam caminhos para o infinito. O conhecimento da imensidade das galáxias indicou à Terra a sua pequeníssima dimensão relacionada a do universo. Para a filosofia da religião, Deus ficou maior e Jesus, mais nosso.

As modernas conquistas humanas, segundo nos lembra Humberto Mariotti, seguem na direção exata do mapa traçado pelo "Livro dos Espíritos", de Allan Kardec.

Podemos presumir que a grande surpresa das ciências, hoje centradas no cérebro, será a descoberta de que ele é apenas um instrumento a serviço transitório do ser imortal, que as religiões chamaram de alma e que o Espiritismo identifica como o espírito evolutível e reencarnável. E ainda, que entre o cérebro — unificador orgânico — e o espírito está o complexo denominado perispírito, que influencia a genética e a embriologia, determinando, em nível imperativo, os detalhes físicos para cada encarnação.

Para facilitar a caminhada humana, cujo destino é o pleno desenvolvimento do potencial espiritual, o Espiritismo antecedeu-se concetualmente à ciência tradicional que segue a linha continuista do tempo e da pesquisa. Não para desprestigiar o esforço humano, mas para propiciar o magnífico encontro entre o trabalho dos homens e o trabalho de Deus, o conhecimento terreno e a ciência divina.

É geralmente para reequilibrar esse potencial espiritual que muitos reencarnam temporariamente com cérebros lesados e são solicitados pelos processos de reabilitação a executar tarefas simples com extremas dificuldades e a usufruir dos recursos terrenos com extensas limitações.

19

A eternidade e a criança

Temos pensado que existe na criança pequena a evidente presença da eternidade.

Envolvida mais pelas influências da vida espiritual do que pelas da nova existência, consegue espontaneamente aquilo que os antigos apontavam como características da verdadeira sabedoria: Sentir-se parte do todo.

O bebê move-se no espaço em semirrotação, vagueia o olhar ensaiando a adaptação no claro e escuro, experimenta o uso dos dedos das mãos, estremece aos ruídos, e quando quer responder ou indicar uma necessidade, "põe a boca no mundo". Faz tudo isso (e muito mais) de uma forma que não se repetirá ao longo de sua vida terrena.

Nos primeiros meses e nos primeiros anos o ser humano parece colocar a sua segurança principalmente na certeza de que tudo está no todo e de que ele "é um com o todo". Em suma, está mergulhado na eternidade.

Eternidade é palavra de definição etimológica fácil, mas de conceituação abstrata e profunda, centrífuga e centrípeta ao ser interior. É por isso que na medida do envolvimento nas solicitações de tempo e de espaço que o crescimento físico impõe, a realidade do "eterno" vai ficando cada vez mais sutil, mais complexa, mais inabordável.

A criança comum permanece pouco tempo transmitindo essa mensagem, mas a criança excepcional, portadora de retardo no seu desenvolvimento, persiste nela por longo período, nunca chegando totalmente a perder o envolvimento com a eternidade.

Sendo-lhe difícil adquirir a discriminação das coisas através de seus sentidos materiais, não conseguindo racionalizar facilmente, mas precisando sobreviver, entra dificilmente no amplo espaço do relacionamento. Suas experiências se expandem pouco para as exigências sociais, porém movimentam-se mais livremente dentro de uma área com predominante conteúdo espiritual. Quanto mais desligada dos contextos formais e usuais da estruturada vivência cotidiana, mais intenso parece ser esse conteúdo.

Fazemos essas ilações baseados na observação dos comportamentos das crianças excepcionais, comparando principalmente as fases posteriores com as anteriores, as ligações com a vida concreta ou com o concreto da vida. Como esse processo se passa em ritmo de câmera lenta, pode ser mais detidamente observado.

Emergem traços de conduta ainda mal delineados, resquícios de fases anteriores à idade cronológica, mas também, às vezes, vêm à tona surpreendentes e inexplicáveis sinais de intensa vida interior. Isso nos sugere a ideia de que o espírito, não encontrando no veículo deficiente a adequação formal para a sua manifestação, está mais livre do que a criança comum para a vida espiritual, embora, evidentemente, mais preso à legislação moral de causa e efeito.

Entre essa liberdade e essa prisão, ele realiza uma estranha mas preciosa e intransmissível experiência que merece profícuo estudo, ainda porque pode vir a enriquecer o conhecimento da própria natureza humana.

Comprimida como em um túnel estreito, a criança excepcional parece colocar-se na posição interior vertical, sem poder dispersar-se da direção das suas primeiras raízes. Isso nos faz pensar no universo de estudos e pesquisas a serem feitos futuramente em torno dessa aberração que é o desenvolvimento fora dos padrões comuns de normalidade, tanto no sentido sincrânico e longitudinal da existência física, como no sentido do caminho e do posicionamento em face da Eternidade.

Pelo que temos observado em quase 50 anos de contato diário com essas crianças diferentes, ousamos argumentar que a atitude dos retardados não é exatamente a de "eterna criança", como vulgarmente se preconiza. Pode-se notar, em meio ao alheamento ou à dispersão, à quietude ou à hipercinesia, ao autismo ou à descontrolada agressividade, momentos de impressionante expressão que não se identificam com padrões nem primitivos nem patológicos determinados, mas são "*suigeneris*", como se a eternidade presente estivesse transbordando e transmitindo, sem anteparos, a sua mensagem.

Pensamos que nessas conjeturas não há subjetivismos nossos ou força de expressão, e sim a evidência da compensação natural que caracteriza as circunstâncias advindas da lei divina para os homens.

Tudo indica que essas leis são de justiça com atenuantes, melhor dizendo, de justiça com amor, de tal forma que há sempre utilidade evolutiva tanto para o encarcerado no corpo deficiente quanto para os que o encontram em seus caminhos.

20

O bebê atípico e a cruz

Esse pequenino ser, mirrado e disforme, carregado ao colo em situação de dependência, é, contudo, a mola central de profundas modificações no grupo familiar.

Modificações horizontais e verticais. Exatamente como as cruzes levadas ao Gólgota: A cruz do bom ladrão, a do mau ladrão e a do Mestre Jesus.

No primeiro momento de vida física começa a modificação. Acabou de nascer e frustrou todas as expectativas. Porque os seres humanos esperam situações, coisas e formas padronizadas, estereotipadas, repetitivas, e sempre subsiste, da parte dos espectadores, a espera da suprema superioridade quando se trata de coisas suas.

Então o bebê atípico é um choque tanto mais tremendo quanto maior for o orgulho existente à sua volta.

Hora por hora, ele, o bebê subgente, propulsiona a roda das transições e carrega para o movimento, sozinho, todo o seu ambiente.

Conhecemos muitas famílias que se desajustaram por causa dele, ou melhor, por causa da própria imaturidade da família, sendo "ele" apenas o desencadeador ou o pretexto.

Pintemos o quadro: o pai ante a necessidade legal e moral de transmitir seu nome e seus bens a esse herdeiro, de mostrá-lo como produto seu, desespera-se. Alguns se entregam à bebida. Outros escondem o filho ou se escondem. Outros abandonam o lar. Alguns chegam a matá-lo, como os jornais literalmente dão testemunho.

A mãe, ferida em seu amor próprio, se artificializa, agindo com superproteção ou chegando à neurastenia. Algumas provocam, por meios indiretos, reações orgânicas em si mesmas que desmoronarão a saúde, infernizarão a convivência social e encurtarão o tempo de vida. Outras permanecem em estado de tensão, sempre em atitude defensiva, achando que a vida (ou Deus) as agrediu brutalmente. Perguntam a si mesmas: "Mas, por que justamente comigo?!" Outras fogem da realidade por meio da inércia e dos comprimidos soníferos.

É a cruz jogada no chão. Os dois braços vergados sob o peso das angústias e sob a compressão dos pés, que pisoteiam o madeiro desprezível.

O eixo vertical fica deitado no solo, não sobe. O braço superposto na horizontal se quebra porque é menor e não tem por si mesmo a força de equilíbrio necessária. Então, o vento das alvoradas e o frio dos anoiteceres enterram aos poucos a cruz.

O pequenino ser de cinquenta centímetros de comprimento, aquele que trouxe a cruz para vê-la de pé, só conseguiu o inverso: esmagou a experiência dos adultos pais, avós, irmãos e todos se curvaram para o solo, se apequenaram e fecharam o próprio potencial interior.

Por falta de alimento afetivo é provável que o bebê volte à pátria espiritual precocemente, e então todos suspirarão aliviados, sem entender o significado do acontecido.

Mas há outro tipo de cruz que o mesmo tipo de bebê pode oferecer a outro tipo de gente.

Conhecemos, também, muitos e muitos casos assim.

São os que têm a maturidade suficiente para saber que aquilo que acontece no mundo a qualquer um pode também acontecer a eles mesmos. Sentem a solenidade, a seriedade e a grandeza da vida. Sabem, conscientemente ou não, quais os fins das existências na Terra. Confiam na sabedoria das situações. Encaram cada dificuldade como um desafio e cada problema como um motivo de crescimento, porque acham que no esforço para a solução está o cerne da vitória.

Sabemos de famílias que se ajustaram em níveis de profundidade afetiva, social e moral, exatamente com a presença do bebê atípico. Substituíram a futilidade, a leviandade, a superficialidade pela reflexão, pela decisão, pelo compromisso que dignifica.

Pintemos o quadro: o pai encontra um objetivo definido e uma motivação a mais para firmar sua posição no núcleo familiar. Aceita o desafio e sente que cresceu para receber tal crédito de confiança. A mulher abre seu coração e refloresce para um amor mais amplo. Pensa nos outros. Valoriza sua função e abre as portas de sua casa com mais prontidão. Ambos, pai e mãe, agradecem um ao outro, mesmo tacitamente, porque juntos tudo será fácil. Os irmãos aprendem desde pequenos a se ajudar e treinam suas possibilidades para tarefas mais amplas nos contextos sociais.

A cruz chegou trazida pelo bebê e foi conduzida lentamente pelo caminho estreito até o Gólgota. Nesse caminho houve às vezes desfalecimentos, mas então foram procurados os Cireneus, e sendo procurados, foram achados.

Então, de repente, a cruz se levanta e seus braços estão nas direções certas: progresso na horizontal idade do convívio social em nível de fraternidade e expansão do sentido de família. Progresso na direção vertical em busca do encontro com Deus.

Essas duas situações, ambas reais, têm como ponto propulsor e como núcleo central a presença do bebê disforme, insignificante como pessoa, subgente e atípico.

Ressaltamos que no mundo inteiro as pessoas que colocaram a cruz de pé são as que estão impulsionando a ciência, a técnica e o amor em favor dos milhares de atípicos da Terra.

A maioria dos hospitais especializados, das fundações científicas, dos institutos organizados, dos grupos de pesquisas e dos centros de reabilitação são formados ou foram iniciados por pessoas que têm envolvimento direto e afetivo com esse tipo de bebês. São como respostas à mensagem dos pequeninos.

As associações internacionais em favor do progresso científico dos excepcionais emergiram da pressão do amor dos que levantaram suas cruzes.

Pensamos, então, que a conclusão de tudo isso é a seguinte: embora marginalizados, sem posições definidas nos grupos sociais complexos, rejeitados e incapacitados para as participações plenas, eles, os bebês atípicos, estão também exercendo influência nos grupos em que nascem e, pela força inevitável dos entrelaçamentos grupais, em toda a família humana.